Christina Mundlos

DANN MACHE ICH ES HALT allein

Christina Mundlos

DANN MACHE ICH ES HALT *allein*

Wenn Singlefrauen sich für ein Kind
entscheiden und so ihr Glück
selbst in die Hand nehmen

Bibliografische Information der Deutschen Nationalbibliothek:
Die Deutsche Nationalbibliothek verzeichnet diese Publikation in der Deutschen Nationalbibliografie; detaillierte bibliografische Daten sind im Internet über http://d-nb.de abrufbar.

Für Fragen und Anregungen:
info@mvg-verlag.de

Originalausgabe, 1. Auflage 2017

© 2017 by mvg Verlag, ein Imprint der Münchner Verlagsgruppe GmbH
Nymphenburger Straße 86
D-80636 München
Tel.: 089 651285-0
Fax: 089 652096

Alle Rechte, insbesondere das Recht der Vervielfältigung und Verbreitung sowie der Übersetzung, vorbehalten. Kein Teil des Werkes darf in irgendeiner Form (durch Fotokopie, Mikrofilm oder ein anderes Verfahren) ohne schriftliche Genehmigung des Verlages reproduziert oder unter Verwendung elektronischer Systeme gespeichert, verarbeitet, vervielfältigt oder verbreitet werden.

Redaktion: Petra Holzmann
Umschlaggestaltung: Luisa Dickhoff
Umschlagabbildungen: Shutterstock/white snow, Shutterstock/Stanislau V
Satz: Daniel Förster, Belgern
Druck: GGP Media GmbH, Pößneck
Printed in Germany

ISBN Print 978-3-86882-722-4
ISBN E-Book (PDF) 978-3-86415-990-9
ISBN E-Book (EPUB, Mobi) 978-3-86415-989-3

Weitere Informationen zum Verlag finden Sie unter

www.mvg-verlag.de

Beachten Sie auch unsere weiteren Verlage unter www.m-vg.de.

Für Svea und Alexis

»Im 21. Jahrhundert sind IVF und ICSI so selbstverständliche, weitverbreitete Verfahren, dass diese Formen der Zeugung inzwischen eher als Variante natürlicher Empfängnis betrachtet werden, nicht mehr als deren Gegensatz.«

ANDREAS BERNARD

»Im Grunde geht es doch um die Frage: Ist eine Nichtexistenz einer Existenz mit einem gewissen Defizit – nämlich keinen präsenten Vater in der Kindheit – vorzuziehen?«

MATTHIAS BLOECHLE

Inhalt

Vorwort 9

Single-Mums – ein neues Phänomen 15

Von der Hausfrauenehe zur selbstbestimmten
    Mutterschaft 29

Wie eine Generation Beziehungen abschafft 87

Welche medizinischen Möglichkeiten haben wir? 123

Was dürfen wir rechtlich? 143

Was können wir moralisch verantworten? 151

Gewappnet für den Alltag 165

Von unglücklichen Müttern lernen 177

Vom Kinderwunsch lösen? 191

Fazit: Dann mache ich es halt alleine! 205

Dank 213

Anmerkungen 215

Literatur 219

Vorwort

»Dann mach ich es halt allein!« Soll heißen: »Dann bekomme ich eben alleine ein Kind – ohne Mann!« Es gibt immer mehr Frauen, die ohne Partner, mithilfe künstlicher Befruchtung schwanger werden und ein Kind bekommen wollen, die es leid sind, Jahr um Jahr auf den richtigen Mann zur Familiengründung zu warten, der vielleicht nie oder, wenn doch, dann eventuell zu spät kommen wird, die ihre biologische Uhr so laut ticken hören, dass sie sie nicht mehr überhören können. Frauen, die planen, ohne Mann ein Kind zu bekommen und großzuziehen, nennt man »Single Mothers by Choice«.

Einige prominente Frauen wie Mónica Cruz haben es vorgemacht: Die Schwester der Schauspielerin Penélope Cruz wollte nicht länger auf den richtigen Mann warten. Daher hat sich die 36-jährige Singlefrau dazu entschlossen, sich künstlich befruchten zu lassen und alleine ein Kind zu bekommen.

Auch in Deutschland gibt es immer mehr Singlefrauen, die ihre Familienplanung in die eigenen Hände nehmen. Das rührt daher, dass wir zum einen mittlerweile schlicht die medizinischen Möglichkeiten haben, einer Frau, die keinen Partner hat, auch ohne Geschlechtsverkehr zu einer Schwangerschaft zu verhelfen.

Zum anderen leben wir in einer Gesellschaft, in der sich unsere Vorstellungen von Familie und Liebe, von Bindungen und Beziehungen in einem starken Wandel befinden. Bisherige Beziehungs- und Familienformen lösen sich allmählich auf bzw. weichen einer Bandbreite an neuen Formen des Zusammenlebens. Insbesondere junge Männer haben häufig kein starkes Interesse mehr an festen Beziehungen oder Kindern. Sex, Liebe und Fortpflanzung werden dadurch voneinander entkoppelt. Dies sehen Soziologen beispielsweise nicht etwa als ein individuelles Problem. Es handelt sich nicht um ein persönliches Versagen oder um Ursachen, die bei einzelnen Personen zu suchen wären. Der Wandel der Beziehungsformen ist eine gesamtgesellschaftliche Entwicklung und ein Phänomen der Moderne.

Diese Feststellung kann für Frauen, die keinen Partner zur Familiengründung finden, auch eine Entlastung sein. Sie haben nicht etwa als Frau und Individuum »versagt«, es sind die gesellschaftlichen Strukturen und der Wandel unserer Beziehungsvorstellungen, die es zunehmend schwerer machen, eine klassische Familie zu gründen.

Andererseits muss man auch sehen, dass es zwar früher ein gesellschaftlicher Standard war, einen Partner zu finden und mit ihm Kinder zu bekommen und als Kleinfamilie zusammenzuleben. Doch anders als heute hatten früher viele Menschen auch nicht die freie Wahl. Oftmals wurden aus ökonomischen Gründen Familien gegründet. Auch der gesellschaftliche Zwang, sich entsprechend der unausgesprochenen Regeln des Familien- und Liebeslebens zu verhalten, übte einen starken Druck auf die Männer und Frauen aus. Das Thematisieren der Schwierigkeiten von Frauen bei der Partnersuche darf also nicht dazu führen, dass wir vergangene Zeiten verklären und idealisieren, in denen oft mehr Unfreiheit als heute herrschte.

Gleichzeitig wurden in den letzten 20 Jahren neue Reproduktionstechniken entwickelt und immer geläufiger. Die künstliche Befruchtung von Frauen mittels einer Samenspende ist mittlerweile ein Standard-Verfahren. Während sich also auf der einen Seite viele Männer zwischen 30 und 40 noch nicht bereit für eine feste Bindung oder ein eigenes Kind fühlen, bietet die Medizin auf der anderen Seite Frauen mit Kinderwunsch eben diese Möglichkeit: das Zeugen von Nachwuchs auch ohne Partner.

Die Elternschaft wird damit in einen sozialen und einen biologischen Teil aufgespalten. Zum einen gibt es den Part der Elternschaft, der rein biologisch ist und nur beinhaltet, wer das Kind gezeugt und (bei den Frauen) ausgetragen hat. Wobei durch die Eizellspende und Leihmutterschaft auch hier nochmals eine weitere Trennung von biologischer Mutterschaft und der Schwangerschaft im Körper der Leihmutter möglich ist. Bei der sozialen Elternschaft handelt es sich um die engsten Bezugspersonen der Kinder, die sie großziehen und sich um sie kümmern.

Während im Falle der Single-Mums die Mütter sowohl ihre soziale als auch ihre biologische Funktion ausüben, fungiert der Vater lediglich als biologischer Elternteil. Diese Trennung der Funktionen wurde durch den gesellschaftlichen Wandel des Familienbildes vorangetrieben.

Im Falle einer Trennung und Scheidung der Eltern kommt es häufig zu einer Trennung von sozialer und biologischer Elternschaft. Dabei muss es sich um keine strikte Trennung handeln, bei welcher der biologische Vater beispielsweise keinerlei Elternaufgaben mehr übernimmt und ein neuer Partner der Mutter diese Rolle einnimmt. Häufig handelt es sich eher um das Verschwimmen der Grenzen, wenn Kinder beispielsweise ihren biologischen Vater deutlich seltener sehen als den Stiefvater, der mit ihnen zusammenlebt.

Bewusst die Trennung von biologischer und sozialer Vaterschaft herbeizuführen, wurde durch den medizinischen Fortschritt ermöglicht. Und so scheint es in Zeiten, in denen Frauen Schwierigkeiten haben, bindungswillige Männer für eine Familiengründung zu finden, und in der es immer anerkannter wird, soziale und biologische Elternschaft voneinander zu trennen, nur folgerichtig, dass Frauen auf die neuen Reproduktionstechniken zurückgreifen wollen. Es ist das selbstbestimmte Bewältigen eines biografischen Problems, wenn Frauen entscheiden, erst einmal als Single Mutter werden zu wollen, bevor es womöglich gar nicht mehr geht. Dieser Ausweg aus der drohenden ungewollten Kinderlosigkeit ist zu begrüßen, denn es ist nicht von der Hand zu weisen, dass für Frauen eine biologische Uhr tickt, die auf die veränderten und womöglich späteren und selteneren Beziehungsabsichten von Männern keine Rücksicht nimmt. Für manche Frauen kann diese Herausforderung ausschließlich reproduktionsmedizinisch gemeistert werden.

In sehr vielen Fällen leben Familien ohnehin nicht ein Leben lang im selben Familienmodell. Phasen, in denen die Eltern ein Paar sind und täglich zusammenleben, wechseln sich ab mit Phasen, in denen die Eltern getrennt sind oder ein Elternteil aus beruflichen Gründen häufigere und längere Abwesenheitszeiten hat. Manche Familien durchlaufen eine partnerschaftliche Phase, eine Zeit, in der Mutter oder Vater alleinerziehend sind, und erleben schließlich noch einen Abschnitt, in welchem die Eltern neue Partner haben oder sogar mit Partnern liiert sind, die selbst Kinder mit in die Beziehung bringen. Bei den Single-Mums ist lediglich die Reihenfolge eine andere. Sie sind zu Beginn der Elternschaft zunächst alleinerziehend. Bei vielen schließt sich jedoch irgendwann auch eine Partnerphase an. Insofern sollte das Modell der künstlich befruchteten Singlemütter auch nicht als Gegenmodell zur herkömmlichen Familie verstanden werden. Lediglich die Reihenfolge ihres Beziehungszustandes ist anders geordnet. Es ist also höchste Zeit, diese Familienform als mögliche Alternative und als willkommene Lösung für viele Frauen zu erachten!

Die Lebensqualität von Frauen, die hier selbstbestimmt ihre Lebensweise wählen können, steigt dadurch enorm. Sie sind nicht länger Opfer der Umstände. Sie können ihren Lebensweg ganz ohne Druck selbst gestalten. Sie müssen nicht darüber verzweifeln, dass die Männer, die sie kennenlernen, keine Beziehung im klassischen Sinne mit ihnen führen wollen oder das Kinderkriegen ablehnen. Das gesellschaftliche und biologische Korsett fällt weg und auch die Partnerwahl muss nicht mehr von der Frage »Ist dies ein potenzieller Vater?« bestimmt werden. Die Zeiten, in denen Frauen mit jemandem eine Kompromiss-Partnerschaft eingegangen sind, der ihnen nicht wirklich gefiel, nur um einen Mann zum Zeugen von Nachwuchs zu haben, sollten im 21. Jahrhundert vorbei sein! Dieses Buch soll denjenigen Frauen, für die das Leben als Single-Mum eine Alternative darstellt, Mut machen, ihren eigenen Weg zu gehen!

Christina Mundlos, Januar 2017

Single-Mums – ein neues Phänomen

Frauen bekommen in vielen westlichen Ländern – so auch in Deutschland – immer später Kinder.[1] Das hat zum einen den Grund, dass Frauen häufig erst einmal beruflich Fuß fassen, Karriere machen oder nach einer langen akademischen Ausbildung zumindest einige Jahre erwerbstätig sein wollen, bevor sie eine Familienphase planen. Schließlich bedeutet die Geburt eines Kindes in den meisten Fällen nach wie vor, dass die Mutter für einige Jahre aus ihrem Beruf aussteigt.

Zum anderen haben wir es gesamtgesellschaftlich mit dem Phänomen zu tun, dass feste Bindungen seltener, zögerlicher und zeitlich später eingegangen werden als in den Generationen vor uns. Denn Frauen und Männer fühlen sich auch später erwachsen, als dies noch vor 50 Jahren der Fall war – das heißt, die »Adoleszenzphase« hat sich deutlich verlängert. Insbesondere wurde eine Bindungsunwilligkeit vieler Männer zwischen 20 und 40 Jahren im gesellschaftlichen Diskurs von verschiedenen Experten beobachtet, analysiert und die »Generation Beziehungsunfähig« ausgerufen.[2] Ratgeber über Bindungsstörungen und Coaching-Programme für Frauen, die einen Mann in eine Beziehung lotsen wollen, haben Hochkonjunktur.

Gerade feste Beziehungen zwischen Mann und Frau wurden bislang in der Regel als Grundvoraussetzung für die Gründung einer Familie angesehen. Ohne Partner, keine Kinder – lautete das unausgesprochene Credo. Wenn viele Menschen eine feste Partnerschaft jedoch als Grundvoraussetzung für das Zeugen von Nachwuchs ansehen und feste Beziehungen immer zögerlicher eingegangen werden, dann bekommen Männer und Frauen auch erst später Kinder.

Die Medizin macht's möglich

Aus biologischer Sicht sind insbesondere den Frauen bei der Entscheidung, wie weit sie die Familiengründung zeitlich nach hinten schieben, Grenzen gesetzt. Deswegen gibt es immer mehr Frauen ab Ende 20, die verzweifelt nach einem passenden Partner Ausschau halten, weil sie ihren Kinderwunsch realisieren wollen, solange ihnen das noch möglich ist.

Nun aber hat der medizinische Fortschritt bei den künstlichen Befruchtungen in den letzten Jahren dazu geführt, dass ein Partner theoretisch und praktisch nicht mehr absolut notwendig ist, wenn eine Frau ein Kind bekommen möchte. Diese medizinische Errungenschaft macht zum Beispiel eine Elternschaft für Paare möglich, bei denen der Mann aus gesundheitlichen Gründen keine Kinder zeugen kann. Auch für weibliche homosexuelle Paare wird eine Familiengründung so umsetzbar. Die Erfüllung des Kinderwunsches hängt also generell nicht mehr davon ab, ob eine Frau einen geeigneten Partner gefunden hat. Bleibt die Partnersuche erfolglos, muss eine Frau ihre Pläne zur Familiengründung nicht mehr zwingend ad acta legen. Frauen können gezielt auch als Single Mutter werden – mit der Unterstützung von Samenspende und künstlicher Befruchtung. Aus medizinischer Sicht ist es also möglich, alleinstehenden Frauen in den allermeisten Fällen zu ihrem gewünschten Kind zu verhelfen.

In Deutschland wird allerdings eine künstliche Befruchtung bei ledigen Frauen in den meisten Praxen nicht durchgeführt. Wegen rechtlicher Bedenken empfiehlt die Bundesärztekammer sogar, diesen Eingriff ausschließlich bei verheirateten Frauen und bei Frauen durchzuführen, die nachweislich in einer festen Partnerschaft mit einem Mann leben.[3] Dass sich der Passus in den Richtlinien der Bundesärztekammer nicht ausschließlich auf verheiratete Frauen beschränkt, ist natürlich zu begrüßen, da es ohnehin immer mehr Paare gibt, die ohne Trauschein zusammenleben wollen. Auch werden zunehmend Kinder von unverheirateten Eltern gezeugt. Diese Lebensrealität hier anzuerkennen, ist selbstverständlich sinnvoll. Dennoch enthält der Passus die Bedingung, dass nichtverheiratete Frauen in einer festen Partnerschaft leben müssen. Wie genau Ärzte diese überprüfen sollen, ob es genügt, wenn eine Frau mit einem Mann zusammenwohnt, geht aus den Vorgaben der Bundesärztekammer nicht hervor. Insofern bleibt diese Richtlinie schwammig und wenig praxisbezogen. Was die Formulierung jedoch ganz deutlich zeigt, ist: Singlefrauen sollen nicht durch künstliche Befruchtung Kinder bekommen.

Eine Frau könnte allerdings in einer festen Partnerschaft leben oder verheiratet sein, sich künstlich befruchten lassen, und kurz nach der Einnistung des Embryos könnte die Partnerschaft bereits in die Brüche gehen. Sie wäre von Beginn an alleinerziehend. Dieses Szenario scheint den Medizinern erträglich. Es lässt sich ja auch schlicht nicht ausschließen. Doch dass eine Frau von Beginn an plant, auf eigene Faust und ohne

Partner ein Kind zu bekommen und damit zumindest vorerst alleinerziehend sein wird, wird nicht akzeptiert. Diese Unterscheidung scheint willkürlich gewählt.

Obwohl alleinlebende Frauen mit Kinderwunsch in Deutschland noch auf Widerstände stoßen, wagen immer mehr Singlefrauen den Schritt und reisen entweder in eine der wenigen deutschen Kinderwunsch-Praxen, die die Vorgaben der Bundesärztekammer ignorieren und Singles behandeln, oder sie fahren dafür ins Ausland. So ist es beispielsweise in den USA, in Spanien, in Dänemark oder Belgien kein Problem, als Alleinstehende per künstlicher Befruchtung schwanger zu werden.

Wie viele Frauen in Deutschland inzwischen als Single künstlich befruchtet wurden und wie viele Kinder aus solchen Eingriffen hervorgingen, wurde leider noch nicht statistisch erhoben. Es gibt nur eine allgemeine Statistik über Kinder aus künstlicher Befruchtung vom DIR, dem deutschen Register für künstliche Befruchtung. Demzufolge kamen zwischen 2001 und 2013 jährlich durchschnittlich 12 852 Kinder zur Welt.[4]

Da nicht jede Befruchtung mit einer Schwangerschaft und nicht jede Schwangerschaft mit der Geburt eines Kindes endet, gibt es bedeutend mehr künstliche Befruchtungen pro Jahr. Die meisten Eingriffe werden jedoch bei Frauen, die in Partnerschaften leben, vorgenommen.

Single-Mums verfolgen ihre Wünsche

Während ein intensiver Kinderwunsch bei Frauen, die in einer Partnerschaft leben, gesellschaftlich völlig akzeptiert ist, rühren Singlefrauen damit offenbar immer noch an einem gewissen Tabu – insbesondere, wenn sie die Familiengründung alleine angehen wollen.

Es ist jedoch allgemein bekannt, dass der Wunsch nach Nachkommen weitverbreitet und tief in vielen Menschen verwurzelt ist. Weshalb scheint es also manchen so unvorstellbar, dass Frauen diesen Wunsch auch außerhalb einer Ehe oder Partnerschaft verspüren? Was sind das für Frauen, die versuchen möchten, ohne Partner ein Kind zu bekommen? Über sie gibt es viele Vorurteile. Besonders gängig ist das Bild der Karrierefrau, die mit Ende 30 plötzlich bemerkt, dass sie zwar einen tollen Job hat, sich aber darüber hinaus auch eine Familie wünscht. Diese Frauen werden dann gerne als unweiblich und kalt beschrieben. Es wird vermutet, sie hätten sich so sehr auf materielle Werte und ihre eigene berufliche Entwicklung fokussiert, dass sie ihre menschlichen Bedürfnisse nach sozialer Interaktion, Liebe, Nachkommen etc. vernachlässigt oder verdrängt hätten. Häufig wird auch gemutmaßt, dass es sich dabei um einen Effekt der Emanzipation handelt. Frauen würden quasi ihre vermeintlich urweiblichen Instinkte ausblenden, um angepasst an die raue Männerwelt einen vermännlichten Lebensentwurf zu verfolgen. Später würden ihnen dann ihre verdrängten weiblichen Anteile wieder bewusst werden, wenn die biologische Uhr bereits fünf vor zwölf anzeigt.

Doch es ist ein anachronistisches und frauenfeindliches Frauenbild, das hinter solchen Vermutungen steckt. Die vielen Berichte von und über Singlefrauen, die den Schritt gewagt haben und sich künstlich befruchten ließen, widerlegen dieses Vorurteil. Es sind Frauen von Mitte 30 bis Mitte 40, die meist schon sehr lange einen großen Kinderwunsch hatten, aber für die Familiengründung einfach nicht den richtigen Partner gefunden haben.[5] Kinder gehörten für sie schon immer zu ihrem Lebensentwurf dazu. Dass der Kinderwunsch dieser Frauen besonders stark gewesen sein muss, verwundert nicht. Schließlich waren sie auch bereit, viele Belastungen und

Einschränkungen zur Realisierung dieses Wunsches auf sich zu nehmen.

Des Weiteren sind es Frauen, die große Angst davor haben, ihrem Traummann erst zu begegnen, wenn es für ein Kind bereits zu spät ist – weil die biologische Uhr danh abgelaufen ist. Diese Angst bestätigt auch Hollywood-Star Mónica Cruz, die sich als prominenter Single künstlich befruchten ließ: »Das hätte mich zur unglücklichsten Frau der Welt gemacht.«[6]

Das Bild von der Karrierefrau, die ihren Kinderwunsch zu lange ignoriert hat, trifft bei den allermeisten Frauen, die den Schritt gewagt haben oder wagen wollen, jedenfalls nicht zu. Bei allen Schilderungen von Singlefrauen, die mit dem Gedanken spielen, sich künstlich befruchten zu lassen oder die dies bereits getan haben, wird deutlich, dass sie den Kinderwunsch nie zugunsten des Jobs außer Acht gelassen hatten. Er war durchgängig präsent als eine starke Sehnsucht. Auch Beschreibungen Dritter, die Singlemütter zu ihrer künstlichen Befruchtung interviewt haben, oder die Beobachtungen von Fortpflanzungsmedizinern zeigen: Frauen, die überlegen, allein Mutter zu werden, sind nicht jahrelang die Karriereleiter emporgeklettert, ohne sich um ihr Privatleben zu kümmern, und eines Tages mit 39 aufgewacht, um zu bemerken, dass sie nun doch noch ein Kind bekommen möchten. Es sind in aller Regel Frauen, die seit ihrer Jugend geplant hatten, eine Familie zu gründen. Sie haben sich nach Partnern mit Vaterqualitäten umgesehen und sind dann nach langer Suche einfach nur verzweifelt, weil ihnen die Zeit davonläuft und sie keinen geeigneten Partner finden können. Es sind Frauen, die sich aber nicht so leicht von ihren Träumen verabschieden wollen und deshalb ganz selbstbewusst ihr Glück selbst in die Hand nehmen.

In einer Vergleichsstudie zwischen den USA und Großbritannien wurden die Single-Mums als »heterosexuelle, weiße, gebildete, finanziell gut gestellte Frauen über 35 Jahre«[7] charakterisiert. Aus den Untersuchungen und Befragungen in Deutschland geht hervor, dass sich hier ein ganz ähnliches Bild zeigt. Es verwundert natürlich nicht, dass die *Single Mums by Choice* finanziell sehr gut gestellt sind. Allein die teuren Befruchtungsbehandlungen finanziell zu stemmen, dann ein Kind allein großzuziehen und womöglich bis es erwachsen ist, allein für die Finanzierung der Familie aufzukommen, ist eine enorme finanzielle Belastung. Das heißt, dass es sich von vornherein nur gut situierte Frauen überhaupt leisten können, sich als Single künstlich befruchten zu lassen.

Familie 2.0

Der richtige Partner fehlt – ein Punkt, der von Frauen zwischen 30 und 40 immer wieder angeführt wird. Neben den Singlefrauen, die ein Kind auf eigene Faust bekommen haben, gibt es eine Vielzahl von Singlefrauen, die immer noch beklagen, dass sie gerne eine Familie gegründet hätten, aber keinen passenden Mann für ihr Vorhaben gefunden haben. Da nicht jede Frau, die einen Kinderwunsch, aber keinen potenziellen Vater an ihrer Seite hat, den Weg geht, sich künstlich befruchten zu lassen, ist die Anzahl der Frauen, die von dieser Problematik betroffen sind, noch deutlich größer. Es betrifft viele Frauen zwischen Anfang 30 und Anfang 40.

Bei einer Allensbach-Umfrage zum Kinderwunsch und zur Kinderlosigkeit im Jahr 2012 stellte sich heraus, dass ganze 40 Prozent der Kinderlosen als Grund für ihre Kinderlosigkeit angaben, (noch) nicht den richtigen Partner für die Umsetzung ihres Kinderwunsches gefunden zu haben.[8]

Fast alle Frauen, die sich entschließen, sich als Single künstlich befruchten zu lassen, hatten sich ursprünglich eine klassische Familie gewünscht. Die Single-Mutterschaft ist also lediglich Plan B. Der Begriff *Single Mothers by Choice*, der sich in den USA etabliert hat, trifft es also nicht ganz. Er bedeutet übersetzt ungefähr »freiwillige Singlemütter« oder »gewählte Single-Mutterschaft«. Doch letztlich ist der Weg, allein eine Familie zu gründen, meist nicht die erste Wahl. Es bleiben Frauen mit einem großen Kinderwunsch und ohne Partner keine anderen Möglichkeiten, ihren Wunsch zu realisieren und sich ihre Sehnsucht nach einem Kind zu erfüllen.

Was führt nun dazu, dass eine Frau mit Kinderwunsch und ohne Mann den Schritt wagt und allein eine Familie gründet? In aller Regel wird die Entscheidung zur künstlichen Befruchtung von Singlefrauen nicht leichtfertig getroffen. Bei fast allen Frauen ging eine langwierige Phase der Entscheidungsfindung voraus. Sie wägten die finanziellen Risiken, die Einschränkungen im Alltag als Alleinerziehende, aber auch die körperlichen und psychischen Belastungen der Befruchtungen ab. Manche suchten sogar eine Beratung oder ein Coaching auf, um ihrem Kinderwunsch auf den Grund zu gehen.

Aus den Berichten der Frauen geht hervor, dass es sich keine der Frauen leicht gemacht hat und sie sehr lange die Vor- und Nachteile, Risiken und Nebenwirkungen, und die verschiedenen Einflüsse sowie Auswirkungen auf ihr Leben gegeneinander abgewogen haben, bevor sie eine Entscheidung trafen.

Viele Singlefrauen mit Kinderwunsch ließen sich therapeutisch beraten, zum Beispiel von der Familientherapeutin Petra

Thorn. Auch sie empfiehlt den Frauen, sich ausgiebig mit der Frage auseinanderzusetzen, ob sie über genügend emotionale, soziale und finanzielle Ressourcen verfügen. Sie sieht jedoch auch Vorteile bei den Singlefrauen im Vergleich zu Frauen in einer Partnerschaft, die sich künstlich befruchten lassen, weil aus gesundheitlichen Gründen eine Schwangerschaft auf einem anderen Wege nicht zu erreichen ist. Denn was für die Singlefrauen sicher deutlich leichter und psychisch weniger belastend ist, ist die Tatsache, dass sie sich nicht im Vorfeld mit einer Unfruchtbarkeit auseinandersetzen müssen.

Die Fortschritte in der Reproduktionsmedizin entlasten aber nicht nur diejenigen, die tatsächlich Single-Mum werden. Für viele Frauen ab Ende 20 ist es bereits erleichternd zu wissen, dass sie nicht zwanghaft einen Partner zur Familiengründung suchen müssen. Immer mehr Frauen wird klar, dass ihnen auch im Fall einer erfolglosen Partnersuche nicht unbedingt die Kinderlosigkeit droht. Sie haben einen Plan B in der Hinterhand und können dadurch auch wieder entspannter in die Zukunft blicken.

In den folgenden Kapiteln wird genauer beschrieben, was Mutterschaft heute überhaupt heißt, was die aktuellen Herausforderungen von Müttern und Familien sind und inwiefern sich unsere Vorstellungen von Elternschaft und Familienleben verändert haben. Es geht besonders um die Erwartungen und Ansprüche, die die Gesellschaft heutzutage an Mütter stellt, und darum, dass aus der Mutterschaft inzwischen eine Wissenschaft gemacht wird. Im Anschluss wird auf die sogenannte »Generation Beziehungsunfähig« eingegangen und das Beziehungsverhalten der 20- bis 50-Jährigen insbesondere im Hinblick auf die Schwierigkeit, einen Partner für die Familiengründung zu finden, beschrieben. Zudem wird auf die Frage eingegangen, ob die Ursachen für den Wandel des Beziehungsverhaltens vielleicht in psychischen Krankheiten zu suchen sind. Bindungsstörungen werden von vielen Experten immer häufiger beschrieben. Im vierten Kapitel wird die Entwicklung der medizinischen Errungenschaften auch historisch nachgezeichnet. Wie haben sich die Möglichkeiten der Befruchtungsmedizin in den letzten 200 Jahren entwickelt? Hier werden die genauen medizinischen Möglichkeiten, die verschiedenen Eingriffe und der jeweilige Ablauf, die Chancen, die Kosten sowie die Nebenwirkungen einer künstlichen Befruchtung erläutert.

Doch es sind nicht nur die medizinischen Details, über die sich Frauen vor einer künstlichen Befruchtung informieren sollten. Es bestehen auch eine Menge rechtlicher Fragen, auf die im Buch eingegangen werden soll. Wie sieht es mit Arbeitnehmerrechten und Mutterschutz nach einer künstlichen Befruchtung aus? Wer ist nach einer Samenspende der rechtliche Vater? Hat ein Samenspender Vaterpflichten oder -rechte? Welche Rechte haben die Kinder gegenüber dem Vater? Dürfen sie ihn kennenlernen? Haben sie finanzielle Ansprüche? Diese und weitere juristische Fragen sollen umfassend im fünften Kapitel beantwortet werden. Zudem wird geklärt, wie sich die rechtliche Lage in den europäischen Ländern jeweils unterscheidet und in welchen Ländern ledige Frauen künstlich befruchtet werden. Neben den rechtlichen Fragen werde ich auch auf moralische Fragen eingehen. Welche Verantwortung haben wir beispielsweise den Kindern gegenüber?

Nach diesen eher sachlichen Betrachtungen kommt der Alltag von Alleinerziehenden in den Blick und es werden die Herausforderungen alleinstehender Mütter beschrieben. Wobei speziell auf den Unterschied zwischen der Lage von Müttern, die durch eine Trennung nach der Geburt des Kindes alleinerziehend wurden, und den *Single Mums by Choice* eingegangen wird. Die Intention dieses Buches soll jedoch nicht sein, Empfehlungen auszusprechen oder zu moralisieren, sondern Denkanstöße zu geben und Betrachtungsweisen aufzuzeigen. Dabei wird es ganz allgemein darum gehen, ob jede (medizinische) Möglichkeit auch genutzt werden darf oder sollte bzw. inwiefern jede Einzelne für sich diese Frage beantworten kann. Darf man geplant von Beginn an sich und dem Kind eine so schwierige Lebenssituation zumuten? Und umgekehrt gefragt: Wie sehr denken wir abwertend und stereotypisierend über Alleinerziehende, sodass wir dieses Lebensmodell – wenn es bewusst geplant werden soll – versuchen zu verhindern? Was können wir aus der Debatte um künstliche Befruchtung von Ledigen generell über unser Familienbild lernen? Aber auch die Perspektive der Spenderkinder soll besonders betrachtet werden. Welche Fragen werden die Kinder später stellen? Wie will und kann man auf Fragen nach dem Ursprung antworten? Zudem müssen Frauen, die planen, von Beginn an alleinerziehend zu sein, mit einer gesellschaftlichen Ausgrenzung und Stigmatisierung rechnen, die sie selbst, aber auch später das Kind treffen kann. Dies gilt es in die Überlegungen zur künstlichen Befruchtung mit einzubeziehen. Daher schließt sich die Frage an: Was ist das Beste fürs Kind? Auch die Situation der Mütter wird in den Fokus genommen: Wer kümmert sich eigentlich um sie? Wer sorgt sich um ihr Wohlergehen? Wer begleitet sie – auch therapeutisch – während des Entscheidungsprozesses und während der Befruchtungsbehandlungen?

Schließlich komme ich auch auf unglückliche und bereuende Mütter zu sprechen. Hier geht es vor allem um die Belastungen von Eltern. Elternschaft ist auch in einer Partnerschaft oft anstrengend, schwierig und kostet Zeit, Geld und Nerven.

Dies gilt für Alleinerziehende erst recht. Die Belastungen von Eltern und von Alleinerziehenden sollten nicht unterschätzt werden. Dabei sind die meisten Alleinerziehenden erst nach einigen Jahren alleinerziehend und zuvor, in den ersten Lebensjahren des Kindes, noch in einer Partnerschaft. Zudem haben viele alleinerziehende Mütter durchaus Unterstützung vom Vater – selbst wenn das »nur« bedeutet, dass er alle zwei Wochen das Kind ein Wochenende lang betreut und sie finanziell unterstützt.

Es gibt unglückliche Mütter und sogar bereuende Mütter. Einige dieser Frauen hatten ebenfalls einen großen Kinderwunsch, aber sie waren nach der Geburt erschrocken über die Last der Verantwortung und der täglichen Aufgaben. Dies ist sogar bei Frauen der Fall, die in Partnerschaften leben und vom Vater des Kindes deutlich unterstützt werden. Immerhin geben 20 Prozent aller Mütter und Väter an, ihre Elternschaft zu bereuen.[9] Darüber hinaus gibt es noch einen beträchtlichen Anteil der Mütter, die nicht von Bereuen sprechen würden, aber dennoch erschöpft und unglücklich sind.

Daher sollte bei der Entscheidung, ob man sich als ledige Frau künstlich befruchten lässt, auch darüber nachgedacht werden, welche Belastungen auf einen zukommen und ob der Kinderwunsch trotz dieser enormen Mehrbelastung dennoch realisiert werden sollte. Können die Vorteile, die das Leben als Mutter mit sich bringt, die Nachteile aufwiegen? Und ist das Bild, das man vom Leben mit Kind hat, überhaupt realistisch? Bei der Thematisierung des Phänomens *Regretting Motherhood* soll deutlich werden, unter welchem Druck Kinderlose stehen.

Das Zeugen von Nachwuchs wird trotz der Pluralisierung der Lebensformen immer noch als Standard-Lebensweise angesehen. Deshalb ist es bei der Abwägung, ob man sich als Singlefrau künstlich befruchten lässt oder eine mögliche dauerhafte Kinderlosigkeit in Kauf nimmt, auch so wichtig, den eigenen Kinderwunsch zu reflektieren und Alternativen zu überdenken. Es geht daher auch um die Fragen: Woher kommt der starke eigene Kinderwunsch wirklich? Ist das Zeugen von Nachwuchs unter der Bedingung, das Kind komplett ohne Vater aufzuziehen, erstrebenswert? Wenn nein, geht es in einem der letzten Kapitel um die Möglichkeiten, sich vom Kinderwunsch zu lösen. Wenn die künstliche Befruchtung trotz des starken Wunsches nach einem eigenen Kind für eine Frau nicht infrage kommt, wird sie einen Weg finden müssen, ihre Kinderlosigkeit zu akzeptieren und sich von ihrem Traum zu lösen. Und auch Frauen, die nach langem Abwägen der Möglichkeiten eine künstliche Befruchtung und ein Leben als Single-Mum für sich trotz Kinderwunsch ausschließen, müssen lernen, mit dem unerfüllten Wunsch umzugehen. Auch für diesen Fall sollen Möglichkeiten aufgezeigt werden, wie ein kinderloses Leben erfüllt sein kann, auch wenn der eigene Wunsch nach Nachwuchs nicht erfüllt wurde.

Von der Hausfrauenehe zur selbstbestimmten Mutterschaft

Die Familie ist nicht mehr das, was sie einmal war

Der gesellschaftliche Fortschritt und moderne Entwicklungen führen dazu, dass sich unser Zusammenleben mit anderen verändert. Von den Singlemüttern geht ein enormes Innovationspotenzial aus. Sie können unser Familienbild deutlich verändern. Schon jetzt spielen sehr viele Singlefrauen mit dem Gedanken, im Zweifelsfall allein eine Familie zu gründen. Wie könnte unsere Gesellschaft morgen aussehen, wenn diesen Schritt immer mehr Frauen wagen? Und was lässt viele interessierte Frauen dennoch zögern? Was prägt unsere Familienvorstellungen und wohin könnten sich diese entwickeln?

Um diesen Fragen nachgehen zu können, sollten wir uns den Wandel des Familien- und Mutterbildes näher ansehen und die Wurzeln unserer heutigen konservativen Familienvorstellungen aufdecken. Denn an ebendiesen veralteten und überholten Vorstellungen der Kleinfamilie mit Mutter, Vater und Kind kratzen die neuen Lebensformen. Alleinerziehende,

Regenbogenfamilien, Patchwork-Familien und viele weitere vergleichsweise neue und moderne Phänomene in der Beziehungs- und Familienlandschaft brechen mit diesem traditionellen Familienbild.

Dabei ist das Modell der klassischen Kleinfamilie mitnichten so alt und ursprünglich, wie es in den Medien oft behauptet wird. Es stammt aus der Zeit der Industrialisierung Ende des 18. und Anfang des 19. Jahrhunderts. Dennoch erzählen uns die Medien immer wieder, dass Frauen schon immer ausschließlich für die Kinderbetreuung zuständig gewesen seien und die Lebensform als Kleinfamilie geradezu natürlich und biologisch vorgegeben sei. Gerade diese traditionalistischen Vorstellungen sind nicht nur falsch, sondern führen auch dazu, dass Alleinerziehende und Single-Mums von manchen Menschen schief angesehen werden.

Grundlage dieser Familien- und Geschlechtervorstellungen ist, dass Frauen nur das eine können (fürsorgliche Tätigkeiten), und Männer nur das andere (erwerbstätig sein). Gründet nun ein Geschlecht alleine eine Familie – erst einmal unabhängig davon, ob es sich um einen einzelnen Mann, ein schwules oder lesbisches Pärchen oder eine einzelne Frau handelt –, verstoßen diese Personen gegen jene ungeschriebene Regel, die besagt, dass Mann und Frau sich ergänzen und die Familiengründung nicht ohne das jeweils andere Geschlecht funktionieren kann. Doch welche Argumente genau führen diejenigen ins Feld, die behaupten, Männer und Frauen hätten schon immer völlig unterschiedliche Fähigkeiten und Talente gehabt? Woher kommen die Vorstellungen, dass Frauen etwas könnten, was Männer nicht beherrschen, und umgekehrt?

Argumente für die traditionelle Rollenverteilung

Eine ganze Reihe von Argumenten bekommt man immer wieder zu hören, wenn erklärt wird, Frauen seien schwerpunktmäßig für die Kindererziehung verantwortlich und sollten ihre berufliche Entwicklung und persönlichen Ambitionen hintanstellen. Eine bekannte Fürsprecherin der traditionellen Rollenverteilung war die ehemalige Fernsehmoderatorin und Autorin Eva Herman, die alle gängigen »Argumente« ins Feld geführt hat (ebenso wie die Psychologin Christa Meves 20 bis 30 Jahre zuvor schon), die im Zusammenhang mit dieser Thematik immer wieder auftauchen. Dieselben Argumente werden im medialen Diskurs oft von anderen konservativen, fortschritts- und frauenfeindlichen Menschen angeführt:

Zum einen beruft man sich auf die Natur und behauptet, die biologische bzw. hormonelle Verschiedenheit von Frauen und Männern sei ausschlaggebend für die Eignung zur Kinderbetreuung. Frauen seien aufgrund ihrer Biologie zur Kindererziehung, zum Wickeln, Füttern und zur Hausaufgabenunterstützung besser geeignet als Männer.[1] Ein wirklicher Beweis, dass Männer all diese Dinge nicht genauso gut können, wenn sie es denn wollen, steht selbstverständlich aus.

Zum anderen würden Krankheiten und Gefahren den Kindern und der Gesellschaft als Ganzes drohen, wenn Väter einen größeren Beitrag zur Kindererziehung leisten. Eine ebensolche Gefährdung für die Gesellschaft und die Gesundheit der Menschen würde die Berufstätigkeit von Müttern oder auch die Betreuung von Kindern durch andere Personen als die Mutter darstellen – zum Beispiel durch Erzieherinnen und Erzieher oder Tagespflegepersonen. Die angeblich drohenden Gefahren werden nicht näher beschrieben. Herman und Meves sprechen lediglich sehr vage davon, dass der Menschheit Krieg, Untergang und Verderben bevorstehen, wenn Mütter berufstätig sind und Väter und Kitas die Kinder miterziehen. Natürlich wissen wir längst, dass in anderen Ländern (beispielsweise in Frankreich und Skandinavien) oder auch zu anderen Zeiten die Berufstätigkeit von Müttern nicht den Untergang der Menschheit bedeutet hat.

Auch die Schilderungen der Krankheiten, die Kindern berufstätiger Mütter drohen würden, bleiben unspezifisch und unkonkret. Es wird hier lediglich von psychischen Störungen, Entwicklungsverzögerungen, Süchten oder Verhaltensauffälligkeiten gesprochen. Genau dies allerdings konnte in unzähligen Studien mit Krippen- und Kindergartenkindern, deren Mütter meist berufstätig sind, widerlegt werden.[2]

Das hält die Gegner der modernen Mutterrolle nicht davon ab, vermeintlich schädliche Auswirkungen auf die Psyche der Kinder immer wieder in düsteren Farben auszumalen. Die immense Bedeutung der Bindung zwischen Mutter und Kind in den ersten Tagen und Jahren wird hervorgehoben und mit körperlicher und psychischer Gesundheit der Kleinen gleichgesetzt.

Interessanterweise stellte sich allerdings in einer Langzeitstudie, die Kinder von der Geburt bis ins Erwachsenenalter begleitete, heraus, dass die ersten Lebensjahre auf das Bindungsverhalten, das man später als Erwachsener zeigt, den geringsten Einfluss haben.[3] Darüber hinaus kann man den Bindungsargumenten entgegenhalten, dass Säuglinge nicht etwa die Bindung an die Mutter, sondern schlicht die Bindung an ein oder zwei feste Bezugspersonen brauchen: Karl Heinz Brisch, der sehr viel zur Bindungstheorie gearbeitet und veröffentlicht hat und auf diesem Gebiet als Koryphäe gilt, hat sich intensiv mit der Bindung zwischen Neugeborenen und

Bezugspersonen beschäftigt und Zusammenhänge zu späterem Bindungsverhalten hergestellt. Er weist darauf hin, dass es sich nicht notwendigerweise um die Mutter handeln muss, die eine enge Bindung zum Säugling aufbaut, damit dieser sich zu einem stabil gebundenen Erwachsenen entwickelt. Seinen Ausführungen zufolge bedarf es lediglich einer oder auch zwei fester Bezugspersonen. Dies muss nicht die Mutter sein. Es kann sich dabei auch um den Vater, die Großeltern, Pflegeeltern oder andere Personen handeln.

Immer wieder wird auch die Religion angeführt, wenn es um die Begründung der traditionellen Aufgabenteilung zwischen Mutter und Vater geht. Der Begriff »gottgewollt« wird von Meves, Herman & Co. in diesem Zusammenhang geradezu inflationär gebraucht – ohne Rücksicht darauf, dass für viele moderne Menschen die Religion überhaupt keinen Bezugsrahmen mehr darstellt, und obendrein Gott zu der gesamten Angelegenheit bisher noch nicht konkret zu seiner Meinung befragt wurde. Die religiösen Argumentationen verweisen auf eine Art gottesfürchtiges Leben, zu welchem angeblich gehört, dass die Mutter sich um Haushalt und Kinder kümmert, während der Vater einer Berufstätigkeit nachgeht und nicht in die Kindererziehung einbezogen wird. Gerade hochrangige Kirchenvertreter melden sich immer wieder gerne in der Öffentlichkeit zu diesem Thema zu Wort und prangern Frauen an, die sich gegen das traditionelle Rollenmodell bzw. die Mutterschaft entscheiden oder ihre Kinder von anderen Personen betreuen lassen wollen.

Besonders häufig werden auch historische Argumente angeführt. Diese lassen sich in zwei Gruppen unterteilen: Zum einen gibt es die quantitativ-historische Argumentation, bei der behauptet wird, Mütter würden sich schon seit Jahrhunderten oder gar Jahrtausenden um die Kinderaufzucht kümmern und daher diese Rollenverteilung auch weiterhin bestehen bleiben müsse. Ein Paradebeispiel für die bekannte Totschlagargumentation: »Das haben wir schon immer so gemacht, das andere haben wir noch nie so gemacht, wo kämen wir denn da hin?« Dass die Tatsache, dass etwas früher so gemacht wurde, allein noch kein Argument oder ein Garant für die beste Methode ist, muss nicht extra betont werden. Abgesehen davon ist es schlicht falsch, dass die Kinderaufzucht seit Menschengedenken das einzige und ausschließliche Betätigungsfeld der Frau war.

Zum anderen existiert die qualitativ-historische Argumentation, bei der die traditionelle Mutterschaft vor allem in Zeiten anzutreffen gewesen sein soll, in denen es der gesamten Gesellschaft gut ging (negative Beispiele wie das Dritte Reich, in dem großer Wert auf Mutterschaft und traditionelle Rollenbilder gelegt wurde, werden hier großzügig unterschlagen, oder, wie im Fall von Eva Herman, sogar relativierend gelobt). Jenen Zeiten werden historische Phasen oder auch andere Kulturen gegenübergestellt, in denen die Aufgabenteilung zwischen Mann und Frau weniger traditionell ist oder war oder in denen Kinder im Kleinkindalter bereits institutionell betreut werden oder wurden. In diesen Fällen wird der Mangel an traditioneller Rollenverteilung als Ursache für politische Unruhen oder antidemokratische Regierungssysteme dargestellt. Die Auswahl der jeweiligen historischen Phasen und der Länder und Kulturen erfolgt dabei absolut willkürlich.

Dem könnte man wiederum Zeiten gegenüberstellen, in denen es den Menschen in denjenigen Kulturen gut ging, in denen Kinder institutionell betreut wurden und Mann und Frau eher gleichberechtigt waren. Betrachtet man den Zusammenhang zwischen gesellschaftlichen und politischen Unruhen und dem Geschlechterverhältnis, muss man eher zu dem Schluss kommen, dass die Unzufriedenheit mit der traditionellen Rollenverteilung seit dem 18. Jahrhundert immer wieder zu Demonstrationen, Auflehnung gegen das System und Regierungs-Kritik geführt hat.

Keine Aufklärung im Schulunterricht

In der medialen Öffentlichkeit sowie im privaten Bereich wurde mittlerweile so oft beschrieben, dass Mütter in vergangenen Zeiten einzig und allein für die Erziehung der Kinder verantwortlich waren und auch keine weiteren Aufgaben hatten, dass viele Menschen glauben, Frauen hätten sich tatsächlich »früher« ausschließlich der Kinderaufzucht gewidmet. Der historische Bezugsrahmen bewegt sich dann meist zwischen der Steinzeit und circa 1970.

Einer der Gründe, weshalb sich diese historisch falschen Vorstellungen in der Bevölkerung verbreiten konnten, liegt daran, dass die Frauenbewegungen im Schulunterricht häufig nicht behandelt werden. Die Ziele und Erkenntnisse der Frauenbewegung der 1970er-Jahre sind jungen Frauen oft nicht bekannt. Was nicht heißt, dass ihnen etwa die ersten Frauenbewegungen während der Französischen Revolution, am Ende des 19. und Anfang des 20. Jahrhunderts, die Suffragetten, oder der Kampf um das Frauenwahlrecht etwas sagen. Die Frauenbewegung der 1970er-Jahre jedenfalls wird oft nicht in der Schule im Geschichtsunterricht behandelt, sie hat keinen Eingang in die schulischen Lehrpläne gefunden. Eigentlich ein Skandal, denn weshalb soll die wichtigste Revolution des 20. Jahrhunderts, die für über 50 Prozent der

Bevölkerung das Leben massiv verändert hat (für die Männer im Übrigen ja auch), die aus Sklavinnen freie Bürgerinnen gemacht hat, aus dem Schulunterricht ausgeklammert werden? Ein möglicher Grund: Die Kerncurricula für den Unterricht an allgemeinbildenden Schulen werden zum Großteil von Männern festgelegt.

Das Wissen um die Frauenbewegung wird durch die Schule also nicht in nachfolgende Generationen weitergetragen und gerade unter jüngeren Frauen und Männern herrschen äußerst fragwürdige Ansichten über Frauenrechtlerinnen und die Frauenbewegung. Viele wissen nicht, dass die Bewegung der 1970er-Jahre nicht die erste Frauenbewegung war. Oft behaupten junge Frauen und Männer, dass die Frauenrechtsbewegung männerfeindlich sei, und die meisten sind nicht darüber informiert, welche Gesetzesänderungen es wann gab.

Doch ohne eine richtige historische Bildung können auch heutige Ereignisse nicht im richtigen Rahmen beurteilt werden. Aber vielen Menschen fehlt schlicht der Zugang zu den historisch korrekten Informationen.

Die Erfindung des Berufs »Hausfrau und Mutter«

Der Job »Hausfrau und Mutter« ist eine Erfindung und ein Ideal der 1950er-Jahre und hat in dieser ausschließlichen Art und Weise, soweit wir das heute wissen, vermutlich nie zuvor existiert. Die Kleinfamilie und auch die Trennung von weiblicher und männlicher Arbeitssphäre sind Ergebnisse der Industrialisierungs- und Technisierungsprozesse vor rund 200 Jahren. Mit der Abnahme landwirtschaftlicher Arbeits- und Lebensweisen und dem Anstieg von industriellen und wirtschaftlichen Berufen ging auch die Trennung von Erwerbsarbeit und Hausarbeit einher. Vor Ende des 18. Jahrhunderts und Beginn des 19. Jahrhunderts waren die Aufgabenfelder von Männern und Frauen bei Weitem nicht so verschieden, wie uns heute oft erzählt wird. Männer und Frauen in der Zeit vor der Industrialisierung werden von der historischen Geschlechterforschung sogar als »Produktionseinheit« bezeichnet, und es gab eine Vielzahl an Arbeiten, die Frauen und Männer gemeinsam erledigten oder bei denen sie sich zuarbeiteten. Auch materiell waren sie voneinander abhängig.[4]

Eine intensive Betreuung der Kinder durch einen Elternteil bzw. die Mutter, wie wir sie heute kennen, fand bis ins 20. Jahrhundert hinein so gut wie nicht statt. Große Teile des Tages waren die Kinder auf sich selbst gestellt, oft waren sie unbeaufsichtigt oder sie liefen bei der Arbeit von Mutter oder Vater nebenher. Eine intensive Mutter-Kind-Beziehung oder eine Mutter, die sich ausschließlich um Haushalt und Kinder kümmerte, gab es nicht. Der Arbeitsalltag ließ schlicht nicht zu, dass sich Eltern länger mit ihren Kindern befassten.

Es war sogar relativ weit verbreitet, dass Säuglinge einfach »aufbewahrt« wurden. Sie wurden eng eingewickelt und beispielsweise an die Wand gehängt (!), während die Eltern auf dem Hof oder dem Acker arbeiteten.[5] In den bessergestellten Gesellschaftsschichten war es verbreitet, die Kinder bereits sehr früh zu einer Amme zu geben, von Bediensteten betreuen zu lassen und später dann in Internate und Heime zu schicken.

Es kann also mitnichten davon gesprochen werden, dass Mütter besonders liebevoll mit ihren Kindern umgegangen wären – zumindest nicht, wenn man unser heutiges Verständnis einer positiven Mutter-Kind-Beziehung und moderne pädagogische Ansichten zugrunde legt.

Für die heutige Generation von Frauen und Männern ist es wichtig zu wissen, dass die Vorstellungen von Befürwortern der traditionellen Mutterrolle – es wäre schon immer so gewesen und müsse daher richtig sein – falsch sind. Denn erst mit dem Einsetzen der Industrialisierung entstanden zwei Arbeits- und Aufenthaltsorte der Familie: die Fabrik und das Heim. Durch diese äußeren Lebens- und Arbeitsbedingungen sind die Form der klassischen Kleinfamilie und die traditionelle Rollenverteilung zwischen Eltern entstanden. Obwohl dieses Modell also historisch betrachtet noch relativ jung ist, halten wir die traditionelle Mutter-Kind-Beziehung oft für die einzig richtige und natürliche.

Doch es gab schon in jener Zeit Frauenrechtlerinnen, die sich gegen dieses eindimensionale und frauenfeindliche Familienbild auflehnten. Bereits die Frauenbewegung der Mitte des 19. bis Anfang des 20. Jahrhunderts forderte Stimmrecht, Bildungsteilhabe und Erwerbsarbeit für Frauen. 1933 nötigte Hitler jedoch nach seiner Machtergreifung alle Frauenorganisationen, sich aufzulösen oder sich der NS-Frauenschaft anzuschließen. Für Studentinnen führte er eine Anti-Frauen-Quote ein.[6] Noch 1932 waren etwa 16 Prozent der Studierenden weiblich, nach 1933 durfte dieser Anteil 10 Prozent nicht mehr übersteigen.[7]

Der Nationalsozialismus hat die Trennung der Geschlechterrollen intensiv vorangetrieben. Und er hat insbesondere in Deutschland die Frauenbewegung massiv zurückgeworfen. Diesen Umstand spüren wir bis heute – denn hierzulande ist die Mutterrolle noch immer deutlich traditioneller als in vielen anderen Ländern. Mit der Mütterlichkeitsideologie und der Aufwertung der angeblich angeborenen Mütterlichkeit unter Hitler ging auch eine ungeheuerliche Abwertung anderer Talente und geistiger Möglichkeiten von Frauen einher.

Ab 1938 wurden Frauen für Kinderreichtum mit dem Mutterkreuz ausgezeichnet. Das heißt, durch den Nationalsozialismus wurden Frauen auf die Mutterschaft und Mütter auf die Erziehung der Kinder reduziert.

Nachdem in den ersten Nachkriegsjahren viele Frauen als Trümmerfrauen Kriegsschäden beseitigt hatten, wurde in den 1950er-Jahren, nach dem Schrecken des Nationalsozialismus, schließlich der »Rückzug ins Private« kultiviert. Der beruflichen und weltlichen Sphäre der Männer wurde die häuslich-private Sphäre der Frauen gegenübergestellt. Der Beruf »Hausfrau und Mutter« wurde »erfunden«. Er hat so zuvor nie existiert und sollte nun vor allem den Zweck erfüllen, der »harten und rauen« Außenwelt eine heile Welt und einen friedlichen Rückzugsort entgegenzusetzen. Während sich die Mütter um das private Refugium der Familie kümmern und sich ausschließlich mit dem Haushalt und der Kindererziehung beschäftigen sollten, übten die Männer eine Berufstätigkeit aus. Nach den vielen Kriegsjahren erklärt sich diese Entwicklung aus den psychischen Bedürfnissen der Menschen dieser Zeit in Deutschland.

In ihrer berühmten Gesellschaftsanalyse »Die Unfähigkeit zu trauern« legen Alexander und Margarete Mitscherlich anschaulich dar, wie die Deutschen nach Kriegsende versuchten, die Vergangenheit zu verdrängen. Die Sehnsucht nach dem Abwenden vom Politischen und dem Vergessen der Vergangenheit führte zu einer Verherrlichung des Privaten. Um der Herstellung des privaten Refugiums besondere Aufmerksamkeit zukommen zu lassen, wurde die Frau für die traditionelle Mutterrolle und die Haushaltstätigkeiten bestimmt. Das nationalsozialistische, frauenfeindliche Mutterbild hat so überlebt – weil es nun umgedeutet wurde. Die Mutterrolle wurde nicht mehr überhöht und Frauen auf die Mutterschaft reduziert, weil sie das Volk wachsen lassen und neue Soldaten gebären sollten. Nun sollten sie diese Rolle innehaben, um einen Gegenpol zur Politik und Außenwelt zu kreieren.

Die Familie wurde verklärt als Ort des Glückes und des Friedens, an dem Frauen völlig altruistisch und selbstaufopfernd nur das Ziel verfolgen sollten, sich um die Bedürfnisse der anderen Familienmitglieder zu kümmern. Fürsorglichkeit wurde zu ihrer Hauptaufgabe. Wobei auch hier anzumerken ist, dass eine Hausfrau in den 1950er-Jahren mitnichten ständig mit ihrem Kind befasst war. Eine ununterbrochene Bespaßung, Förderung und Beschäftigung von Kindern war auch Anfang der zweiten Hälfte des 20. Jahrhunderts nicht die Norm – die Erziehungsprinzipien jener Zeit sahen dies schlicht nicht vor. Vielmehr wurde auf den Gehorsam der Kinder Wert gelegt, ein ständiges Eingehen auf sie und ihre Bedürfnisse entsprach nicht dem Zeitgeist. Dies wandelte sich erst mit der 68er-Generation.

Die Förderung der Hausfrauenehe in der Bundesrepublik

Anders als in anderen europäischen Ländern hat die Familienpolitik in der zweiten Hälfte des 20. Jahrhunderts in Deutschland stets die »Hausfrauenehe« gefördert und unterstützt. Die Berufstätigkeit von Müttern galt lange Zeit als notwendiges Übel, Kinderbetreuungsplätze gab es selten, und eine Betreuung von unter Dreijährigen in Krippen war bis 2006/2007 noch nicht in dem Maße gegeben wie heutzutage. Die Familienpolitik Ende des 20. Jahrhunderts fokussierte sich komplett auf die traditionelle Rollenverteilung und die

Vorstellung, dass die Kindererziehung und -betreuung völlig in der Verantwortung der Mutter zu liegen habe, während der Vater für das Familieneinkommen zuständig sein sollte. Dieses Geschlechterbild weist Männern und Frauen ganz unterschiedliche Aufgaben zu und spaltet Menschen damit in zwei Gruppen auf, die angeblich völlig verschiedene Talente haben. Es ist ebendiese Vorstellung, die es uns bis heute schwer macht, sich diese Funktionen vereint in nur einer Person, in nur einem Geschlecht vorzustellen. Spürbar wird dies nicht zuletzt auch dann, wenn sich Alleinerziehende, in diesem Fall Singlefrauen, die ohne Partner Mütter werden wollen, Vorurteilen und Anfeindungen ausgesetzt sehen und ihre Existenz durch die Familienpolitik schlicht ignoriert wird.

Unter Ursula von der Leyen als Familienministerin wurde dann 2007 das Elterngeld eingeführt und der Ausbau der Krippenplätze stark vorangetrieben. Doch die Einstellung zu berufstätigen Müttern und der institutionellen Betreuung von Kindern wandelt sich trotz allem in Westdeutschland nur sehr langsam. In weiten Teilen der Gesellschaft ist nach wie vor beides verpönt, trotz aller Lippenbekenntnisse zur Gleichstellung von Frauen. Gleichzeitig ist die Nachfrage nach Betreuungsplätzen für unter Dreijährige und auch die Nachfrage nach einer Ganztagsbetreuung für Drei- bis Sechsjährige und für Schulkinder stark angestiegen.

Inzwischen existiert zwar ein Rechtsanspruch auf einen Betreuungsplatz. Doch je nach Region müssen Eltern oft immer noch bangen, ob sie einen wohnortnahen Betreuungsplatz bekommen. Die Kosten für die Kinderbetreuung – sei es durch eine Tagespflegeperson, eine Krippe, einen Kindergarten oder Hort – schwanken je nach Region extrem. Es gibt Gemeinden, in denen Betreuungsplätze kostenlos sind.

In anderen Städten oder Gemeinden müssen für einen Ganztagsplatz monatlich 400 bis 800 Euro oder mehr gezahlt werden. Was dies bedeutet, wenn eine Familie Betreuungsplätze für zwei oder mehr Kinder benötigt, kann man sich schnell ausrechnen.

Nach wie vor werden die meisten Kinder unter drei Jahren zu Hause von der Mutter betreut. Dass auch heutzutage noch oft die Ansicht vorherrscht, ein Kind wäre am besten 24 Stunden am Tag bei der Mutter aufgehoben, formt weiterhin unser aktuelles Mutterbild. Während die Entscheidung, ein Kind in einer Krippe oder ein älteres Kind ganztags betreuen zu lassen, meist ein schlechtes Licht auf die Mütter wirft, fragt niemand nach den Vätern. Stattdessen werden sie wegen ihrer vermeintlich lieblosen Frauen bemitleidet.

Viele Frauen lassen sich dazu drängen, länger zu Hause zu bleiben, als sie es eigentlich wollen. Neben der Frustration sorgt dieses Szenario obendrein für eine unangenehme wirtschaftliche Abhängigkeit der Frauen von ihren Männern bzw. den Kindsvätern, die dazu führt, dass die Frauen nicht selten in unbefriedigenden und lieblosen Beziehungen verharren. Aber Frauen, die über längere Zeiträume nicht oder nur Teilzeit arbeiten, erwerben weniger Rentenansprüche und verdienen zudem nach dem Wiedereinstieg oft vergleichsweise wenig. Mit der verfehlten Familienpolitik drängt Deutschland Frauen zurück in traditionelle Abhängigkeitsverhältnisse.

Unser aktuelles Familienbild ist also nach wie vor geprägt von der Vorstellung, dass die Mütter die Hauptverantwortung für die Kindererziehung tragen. Zwar ist immer öfter von den modernen Vätern die Rede, die auch mal mit ihren Kindern auf den Spielplatz gehen oder wissen, wie man eine Windel wechselt. Doch wirklich gleichberechtigt werden diese Aufgaben in den allerwenigsten Familien geteilt. Wie selbstverständlich wird von der Mutter erwartet, dass sie auf der Kindergartenfeier am Kuchenstand ihre selbst gebackenen Cake-Pops und Cup-Cakes verkauft. Niemand würde dies vom Vater erwarten. Sollte der den Kindergarten seiner Tochter noch nicht mal von innen gesehen haben, weil er ständig arbeitet, würde das weder Erzieherinnen noch andere Eltern sonderlich interessieren. Im umgekehrten Fall aber wären wohl alle regelrecht verstört. Ist das Kind krank, hat es eine Entwicklungsstörung oder Schulprobleme, wird stets nach der Mutter gefragt. Zum einen wird sie als mögliche Ursache der Schwierigkeiten des Kindes angesehen (»Hat sie gesund genug gekocht?«, »War sie nicht sehr häufig auf Dienstreise?«). Zum anderen trägt sie die Verantwortung dafür, dass das Kind wieder gesund wird oder den Schulstoff aufholt.

Für die Frage, weshalb Singlefrauen, die sich künstlich befruchten lassen wollen, manchmal argwöhnisch betrachtet und nicht viel mehr unterstützt werden, ist der Umstand, dass in unseren Köpfen nach wie vor sehr traditionelle Mütter- und Väterbilder vorherrschen, von großer Bedeutung. Wir denken, dass Männer und Frauen grundverschiedene Menschen sind und dass es Tätigkeiten gibt, die Frauen nicht ausführen können, und dass es Talente oder Begabungen gibt, die nur Männer, oder eben nur Frauen, haben.
Und: Wir halten Mutterliebe noch immer für etwas völlig anderes als Vaterliebe. Wir sind der Ansicht, dass ein Kind einen Vater braucht, damit jemand mit ihm Fußball spielt und ihm etwas über die Strenge des Lebens beibringt. Wir denken, dass ein Kind eine Mutter braucht, damit es gestreichelt wird, wenn das Knie aufgeschlagen ist, und mit selbst gebackenen Dinkel-Muffins versorgt wird.

Kein Wunder also, dass wir Vorbehalte gegen Alleinerziehende haben. Nicht nur, dass sie mit der ganzen Arbeit, den Belastungen und Sorgen häufiger allein sind als dies bei Elternpaaren der Fall ist. Sie stellen für uns – egal ob nun Mann oder Frau – auch nur die Hälfte aller Fähigkeiten, Funktionen und Möglichkeiten dar. Dabei ist es längst Realität, dass Mütter mit ihren Kindern Fußball spielen oder zelten und dass Väter Dinkel-Muffins backen und ihre Kinder bei Verletzungen trösten und verarzten. Diese neuen Mütter und Väter sind zwar noch nicht die Regel, aber die Geschlechterrollen sind dabei aufzubrechen.

Familienvielfalt

Es wird auch deutlich, dass es bei der Antwort auf die Frage, wer Kuchen backen, Windeln wechseln oder logisch denken kann, nicht etwa um biologische Veranlagungen, sondern um Sozialisation und Erziehung geht. Immer öfter werden die klassischen Geschlechterrollen infrage gestellt und man findet inzwischen immer mehr verschiedene Familienformen nebeneinander.

Neben der klassischen Kleinfamilie mit Vater, Mutter und ein bis zwei Kindern gibt es eine Vielzahl an neuen Modellen. In der Soziologie nennt man dies auch die »Pluralisierung der Lebensformen«. Es gibt inzwischen immer mehr alleinerziehende Mütter und Väter und ebenso getrennt lebende Elternteile. 2013 gab es laut Statistischem Bundesamt 2,3 Millionen alleinerziehende Mütter und rund 400 000 alleinerziehende Väter in Deutschland.[8] In jeder fünften Familie erziehen Vater und Mutter die Kinder nicht mehr gemeinsam.[9]

Zudem gibt es Patchworkfamilien, in denen Elternteile mit ihren Kindern und den neuen Partnern oder Partnerinnen oft auch mit deren Kindern zusammenleben. Es gibt Regenbogenfamilien, in denen zwei Männer oder zwei Frauen mit Kindern zusammenleben. Und immer mehr Eltern teilen sich die Kindererziehung nach der Trennung halbwegs paritätisch, sodass keiner der beiden wirklich alleinerziehend ist, aber zusammen leben die Eltern auch nicht mehr.

Inzwischen gibt es sogar das Modell der Co-Elternschaft. Co-Eltern sind Männer und Frauen, die von vorneherein keine Liebesbeziehung führen, meist auch nie geführt haben – jedenfalls nicht miteinander. Sie möchten aber gemeinsam Eltern sein. Zum Teil handelt es sich um befreundete Singlefrauen und Singlemänner, die einen großen Kinderwunsch haben und sich zwar nicht vorstellen können, mit dem anderen eine Partnerschaft einzugehen, aber sehr wohl, sich mit ihm die Elternschaft zu teilen. Andere wiederum haben sich in speziellen Internet-Foren für Singles, die eine Familie gründen wollen, gefunden und zusammengetan. Auch diese Variante kann eine Option für Singlefrauen mit großem Kinderwunsch sein – insbesondere, wenn sie sich den Schritt der Familiengründung nicht alleine zutrauen. Das Aufkommen von Co-Elternschaften macht Sinn – wenn es auch noch als eher ungewöhnlich gilt. Schließlich leben wir in einer Gesellschaft, in der viele Eltern früher oder später in keiner Liebesbeziehung mehr miteinander sind, weil sie sich getrennt oder geschieden haben oder auch weil sie nur noch wie Freunde miteinander im selben Haus leben.

Die Rush-Hour des Lebens

Trotz der Zunahme von verschiedenen Familienmodellen bleibt die Kleinfamilie die am häufigsten vorkommende Variante. Zwar sind die Geschlechterrollen längst nicht mehr so starr, wie dies noch vor 20 bis 30 Jahren der Fall war, doch immer noch sind meistens die Väter die Hauptverdiener, während die Mütter sich hauptsächlich um Kindererziehung und Haushalt kümmern.

Da Frauen jedoch inzwischen auch nach der Geburt des Kindes ihrem Beruf weiter nachgehen wollen, scheint es nur logisch, dass viele versuchen, vor der Familiengründung eine stabile berufliche Position erreicht zu haben. Dadurch ergibt sich das Phänomen, das die Soziologie die »Rush-Hour des Lebens« nennt: Im Alter zwischen 30 und 40 versuchen Männer und Frauen, beruflich Fuß zu fassen und aufzusteigen. Gleichzeitig sind sie auf der Suche nach einem festen Partner oder einer festen Partnerin für die Familiengründung.[10] Viele haben also das Ziel, sich sowohl beruflich als auch privat stark zu engagieren. Das kostet Zeit und Kraft.

Die Lebensphase zwischen 30 und 40 ist also mit Ansprüchen, Erwartungen und Wünschen überladen. Rein pragmatisch betrachtet ist es nicht sinnvoll, in wenigen Jahren so viel erreichen zu wollen. Mal davon abgesehen, dass es rein zeitlich schon schwierig ist, Familiengründung und Karrieresprung parallel zu managen, bewirken solch anspruchsvolle Lebenspläne natürlich auch, dass die eigenen Ressourcen und Kräfte übermäßig stark beansprucht werden.

Männer versuchen oft diesem Dilemma zu entgehen, indem sie sich zunächst ausschließlich auf den beruflichen Bereich konzentrieren. Privat meiden sie Beziehungen und erst recht Familiengründungen oder bringen sich zumindest als Vater nur wenig ein. Doch Frauen wollen häufiger beides: Beruf und Familie. Und so wird gerade für Frauen diese Rush-Hour im Laufe der Zeit immer bedrückender. Denn ihnen sind von der Biologie engere Grenzen gesetzt, bis wann es mit dem Kinderbekommen noch reibungslos funktionieren könnte.

Die Verlängerung der Adoleszenzphase

Durch das Verschleppen der Adoleszenz-Phase – also der letzten Phase des Erwachsenwerdens – beginnt diese Rush-Hour immer später. Während Ausbildung und Studium früher bereits mit Anfang 20 abgeschlossen waren und der berufliche Einstieg erfolgte, gibt es heutzutage immer mehr Männer und Frauen, die mit Ende 20 noch immer nicht fertig studiert haben, gerade ein Zweit- oder Aufbaustudium oder eine zweite Ausbildung absolvieren oder sich von einem Praktikum zum nächsten hangeln. Für viele folgt nach dem Studium noch ein Referendariat, ein Volontariat, diverse Langzeitpraktika oder auch ein Auslandsaufenthalt.

Doch solange die berufliche Situation noch unbeständig und prekär ist oder der Wohnort häufig gewechselt wird, wollen viele Frauen und Männer an eine Familiengründung oder auch eine feste Partnerschaft gar nicht denken. Spätestens ab einem Alter von ungefähr 30 hören Frauen dann aber ihre biologische Uhr ticken und begeben sich oft aktiv auf Partnersuche oder prüfen, ob ihre aktuelle Partnerschaft zukunftsfähig ist. Männer allerdings hören keine Uhr ticken und leben mit Anfang 30 gerne noch in den Tag hinein, scheuen private Verpflichtungen und möchten sich beruflich noch eine Weile ausprobieren und sich treiben lassen – als wären sie zehn Jahre jünger.

Mütter heute – stark geforderte Allround-Talente

Wenn man überlegt, als Frau allein eine Familie zu gründen, ist es wichtig zu wissen, welche Erwartungen aktuell von der Gesellschaft an Mütter gestellt werden. Eine der wichtigsten

Aufgaben wird später als Single-Mum sein, sich von den Ansprüchen anderer frei zu machen und sich selbstbewusst seinen eigenen Weg zu bahnen. Als Single-Mum muss man mehr noch als Mütter in einer Partnerschaft entscheiden, welche Aufgaben man erfüllen kann und will und welche man sich gar nicht erst abverlangen sollte. Die beste Vorbereitung auf diese starke Rolle ist, sich mit dem aktuellen Mutterbild kritisch auseinanderzusetzen.

Wir erwarten in unserer Gesellschaft von Müttern enorm viel. Das hat zur Folge, dass Mütter oft das Gefühl haben, eine schlechte Mutter zu sein oder Fehler zu machen. Dennoch oder gerade deswegen verkaufen sie anderen Müttern ihren Erziehungsstil sehr oft als den einzig richtigen. Mütter schwanken permanent zwischen Selbstkritik und Selbstlob. Weshalb aber ist das Thema Kindererziehung so emotional aufgeladen, dass schon die Tatsache, dass andere Eltern ihre Kinder anders erziehen, wie ein Vorwurf an dem eigenen Erziehungsmodell aufgefasst wird? Warum können Mütter sich nicht gegenseitig bestärken, sondern kritisieren viel zu häufig andere Mütter? Woher kommt der Druck, unter dem Mütter heutzutage leiden?

Kindererziehung ist eine sensible und eine sehr verantwortungsvolle Aufgabe. In der medialen Öffentlichkeit wird sie stilisiert und zu einer hoch emotional aufgeladenen Angelegenheit. Für Glück, Erfolg, Karriere und Zukunft eines Menschen wird seine Mutter verantwortlich gemacht. Kindererziehung ist aber auch ein Projekt, das fast immer anders verläuft als geplant und für dessen Erfolg oder Misserfolg noch Jahrzehnte später die Mütter verantwortlich gemacht werden. Zudem werden Frauen auch heute noch fast ausschließlich über ihre Kinder definiert. Ein Mangel an Erfolg in Beruf oder Privatleben von Sohn oder Tochter fallen ebenso häufig auf die Mutter zurück. Ist das Kind introvertiert, schlecht in Englisch oder unsportlich – alle vermeintlichen Makel werden auf die Erziehung durch die Mutter zurückgeführt. Von einem geringen Selbstvertrauen bis hin zu psychopathischen, aggressiven und kriminellen Energien – für alles soll die Mutter verantwortlich sein. Damit lastet ein enormer Druck auf den Frauen.

Schuldgefühle und Kritik

Der 24-Stunden-Job mit Haushalt, Kinderbetreuung und der Vereinbarung von Familienleben und Beruf(en) hat noch einen gewaltigen Nachteil: Es gibt keinerlei Anerkennung, Lob oder Gehaltserhöhung für die Leistungen von engagierten Müttern. Doch gerade Anerkennung und Wertschätzung sind es, die den Frauen und zunehmend auch Männern fehlen. Gepaart mit dem allseits erhobenen Anspruch der Perfektion ist dies eine brisante Mischung. Die Maßstäbe, die heutzutage an die Erziehung von Kindern gelegt werden, sind so hoch wie nie zuvor. Aber je höher die Ansprüche sind, desto schwerer ist es, sie zu erfüllen. Und je mehr Verantwortung Mütter übernehmen müssen, umso mehr Fehler und Probleme können ihnen angelastet werden. Die Folge ist, dass sich Mütter fast durchgängig schlecht fühlen und sich als unzureichend und scheiternd erleben.

Wie aber handeln Menschen, die sich vor unerfüllbare Aufgaben gestellt sehen? Wie reagieren Menschen, die überfordert werden und daher permanent als ungenügend wahrgenommen werden und sich auch selbst so einschätzen? Menschen, die keinerlei Anerkennung von außen erhalten, können Versagensängste und Schuldgefühle oft nur kompensieren, indem sie versuchen, sich selbst aufzuwerten. Da es aber keine Aufwertung durch gesellschaftliche Anerkennung für Mütter gibt, bleibt ihnen nur eine Möglichkeit: sich selbst aufzuwerten, indem sie andere abwerten. Um dies zu erreichen, kritisieren sie andere Mütter und versuchen, den Eindruck zu erwecken, dass alle anderen Mütter mehr Fehler machen als sie und viel schlechtere Mütter sind. Denn so schneiden sie selbst im Vergleich besser ab. Die Leidtragenden sind dann natürlich wiederum Mütter.

Sich selbst aufzuwerten, indem man andere abwertet – das ist eine Technik, die vor allem von Menschen angewendet wird, die Minderwertigkeitsgefühle haben. Das Phänomen, dass Mütter zwischen Selbsterhöhung und Selbsterniedrigung schwanken, ist nicht neu. Es existiert seit und so lange Frauen und Mütter diskriminiert, unterdrückt oder nicht wertgeschätzt werden.

Je mehr jedoch die unterschiedlichen Bedürfnisse von Müttern (beispielsweise nach beruflicher Entfaltung und nach Zeit mit ihren Kindern) unvereinbar sind mit den gesellschaftlichen Ansprüchen, umso eher geraten Frauen in diesen Teufelskreis aus Minderwertigkeitsgefühlen und Selbstüberschätzung. Sie werden aufgerieben zwischen dem Gefühl, eine Rabenmutter zu sein, und dem Wunsch, anderen Müttern dieses Gefühl zu vermitteln.

Der Muttermythos

Der Grund für diese starken emotionalen Auswirkungen der Mutterrolle auf Frauen liegt darin begründet, dass sie noch immer sehr mit der Mutterschaft identifiziert werden. Auch im Jahr 2017 sind Hausarbeit und Kindererziehung Tätigkeiten, die noch vorwiegend von Frauen erledigt werden. Mütter leiden unter diesem traditionellen Mutterbild. Ganze 96 Prozent der Mütter wollen berufstätig sein.[11] Dabei haben die Anforderungen, die an Mütter gestellt werden, in den letzten 20 Jahren enorm zugenommen. Nicht zufällig genau in der Zeit, in der Mütter begonnen haben, gegen das jahrelange Zuhausebleiben zu rebellieren. Es handelt sich um eine antifeministische Gegenreaktion auf die Frauenbewegung der 1970er-Jahre.[12]

Mütter sollen die Kinder fördern, alle ihre Sinne anregen, Schadstoffe und alle Produkte, die laut diversen Warentests als bedenklich gelten, von ihren Kindern fernhalten, alles aufwendig selber backen, kochen und basteln. Die Mutterschaft unterliegt einer starken Professionalisierung. So verwundert es auch nicht, dass die Vielzahl der Kurse für Mütter zugenommen hat. Und noch immer werden diese Arbeiten nicht wertgeschätzt. Männer scheuen sich nach wie vor, Aufgaben in Haushalt und Kinderbetreuung zu übernehmen, wenn sie auch zunehmend in diesen Bereichen mitwirken. Ein Großteil der Männer ist dennoch nach wie vor deutlich weniger in Küche und Kinderzimmer anzutreffen als die Frauen.

Obwohl sich in den letzten 50 Jahren die Stellung der Frau stark verbessert hat, hält sich der Muttermythos hartnäckig, der besagt: »Frauen müssen Mütter werden und Mütter müssen glücklich sein.« Es handelt sich um den Mythos von der Glückseligkeit, die sich angeblich bei jeder Mutter einstellt, wenn sie total übermüdet einem schreienden Baby die übel stinkende Windel wechseln darf, während sich der Große gerade auf Bettwäsche und Teppich erbricht. Bei frisch gebackenen Müttern kommt dann oft langsam die leise Ahnung auf, dass Kinderbetreuung vor allem eins ist: verdammt anstrengend.

Dass es auch schöne Momente gibt, will niemand in Abrede stellen. Aber das Schöne macht das Anstrengende nicht weniger anstrengend. Häufig wird nach außen aber so getan, als wenn Kinderbetreuung unglaublich erfüllend wäre, zwar sehr stressig, aber irgendwie auf eine positive Art und Weise. Die meisten Frauen denken, dass sie etwas falsch machen, wenn ihr Körper erschöpft ist und die Nerven blank liegen, und ihnen auch kein Babylächeln darüber hinweghilft. Nach außen hin jedoch versuchen sie, den Schein zu wahren.

Vordergründig wird immer nur berichtet, wie unglaublich schön es mit Kindern sei und dass Mütter froh seien, zu Hause bleiben zu können. Unterhält man sich mit Müttern ein wenig länger, berichten jedoch viele, dass sie ausgelaugt und entnervt sind. Männer, die nie für ein paar Monate zu Hause Kinder und Haushalt versorgt haben, können nicht verstehen oder auch nur erahnen, was für Anstrengungen, Mühen und schweißtreibende Arbeit sich dahinter verbergen. So manche Frau, die sich von ihrem Mann dazu überreden lässt, für Jahre zu Hause zu bleiben, obwohl Kinderbetreuung und Haushalt nicht ihre großen oder einzigen Leidenschaften sind, ist unglücklich. Es gibt genügend Frauen, die sogar bereuen, Kinder bekommen zu haben, oder sich nicht wieder dafür entscheiden würden. Doch nach außen wird der Schein gewahrt und vielleicht sogar schlecht über Mütter geredet, die wenige Monate nach der Geburt wieder arbeiten gehen.

Insbesondere für Single-Mums ist es wichtig, sich bereits im Vorfeld darüber zu informieren, welche Ansprüche an Mütter Müttern das Leben schwer machen. Alleinerziehende stellen hier eine besondere Risikogruppe dar: Die Gefahr, dass sie unglücklich werden oder ihre Mutterschaft bereuen, ist schlichtweg erhöht. Ein Grund ist, dass sie häufig mehr Aufgaben mit weniger Ressourcen erledigen müssen und daher stärker gestresst sind als Mütter mit Partner. Ein anderer Grund ist, dass sie besonders dazu neigen, Schuldgefühle zu entwickeln und Belastungen mit ihrer eigenen Lebensform in Verbindung bringen. Das Bild der überglücklichen Mutter, welches die Medien und auch viele Mütter nach außen präsentieren, erzeugt bei Alleinerziehenden oft den Eindruck, dass sie sich selbst nur deshalb nicht in einem dauerhaften Glückszustand befinden, weil sie alleinerziehend sind. Doch tatsächlich sind auch genügend Mütter in einer Partnerschaft unglücklich. Die eigene Lebensweise bzw. Familienform sollte also nicht als zwangsweise belastend verstanden werden. Unglückliche und bereuende Mütter gibt es auch unabhängig von der Frage, ob man einen Partner hat oder nicht. Statt alles auf das Fehlen eines präsenten Vaters zurückzuführen, sollten sich Alleinerziehende klarmachen, was die wirklichen Glücksbremsen sind, über welche Ressourcen sie verfügen und welche Erwartungen sie an sich selbst haben wollen und dürfen.

Auch sollte man von der Gesellschaft nicht zu viel Anerkennung und Wertschätzung erwarten. Das schützt vor Enttäuschungen. So werden beispielsweise Kinderbetreuung und Hausarbeit gesamtgesellschaftlich absolut unterbewertet. Und viele Frauen gefallen sich darin, nach außen hin so zu tun, als würde ihnen dieser 24/7-Job ganz leicht von der Hand gehen – auch wenn sie insgeheim ihren Partner dafür verfluchen, dass er ihnen nicht häufiger zur Hand geht. Mütter, die einen Partner an ihrer Seite haben, haben nicht notwendigerweise weniger Herausforderungen zu meistern. Oft sind es nur andere. Manche Mütter bleiben beispielsweise länger zu Hause, als sie eigentlich wollen, weil ihr Partner Vorurteile gegenüber Tagesmüttern und Krippen hat. Andererseits ziehen diese Mütter daraus häufig so etwas wie eine indirekte Anerkennung. Immerhin scheint ihr Partner zu denken, dass sie die gemeinsamen Kinder am besten betreuen, versorgen und erziehen können. Für das Wohl seiner Kinder will er vermeintlich das Beste und das ist in seinen Augen sie – die Mutter.

Da diese Frauen sonst keinerlei Anerkennung, Lob oder Dank für ihre überaus mühsame Arbeit erhalten, ist das häufig das einzige vermeintliche Kompliment für ihre Leistungen. Es ist also nicht verwunderlich, dass sie – obwohl sie sich meist nichts sehnlicher wünschen, als früh in ihren Beruf zurückzukehren – diese Forderung des Partners als Aufwertung ihres Selbst erleben.

Meistens steckt jedoch leider etwas ganz anderes dahinter: nämlich die Verachtung von Frauen, insbesondere Müttern, und der Mangel an Respekt vor ihren Fähigkeiten, Talenten und ihrer Menschlichkeit schlechthin. Denn mit der Überhöhung der angeblich angeborenen Mütterlichkeit geht auch eine ungeheuerliche Abwertung anderer Talente und geistiger Möglichkeiten von Frauen einher. Eben diese sollen die Frauen zurückstellen, um sich ausschließlich Kindern und Haushalt zu widmen. Das große Potenzial für unsere Gesellschaft, das von Frauen auch außerhalb der eigenen vier Wände ausgeht, wird geflissentlich ignoriert.

Single-Mums brauchen sich nicht mit vorsintflutlichen Geschlechteransichten ihrer Partner auseinanderzusetzen. Das ist ein riesiger und nicht zu unterschätzender Vorteil. Sie können ihr Leben nach ihren eigenen Wünschen gestalten, ohne es dem Partner recht machen zu müssen oder zu wollen, und ohne sich in ständigen Streitereien über das richtige Rollenmodell aufzureiben. Das heißt zwar, dass sie fast immer selbst zuständig sind – was natürlich eine höhere zeitliche Belastung bedeutet. Andererseits darf man nicht vergessen, dass auch viele Mütter in Partnerschaften am Ende berufstätig sind und trotzdem nebenbei fast den gesamten Haushalt und die Kindererziehung alleine schmeißen. Nur dass diesem Arrangement häufig lange Streitereien vorausgehen oder immer wieder ausbrechen. Noch dazu hat eine Frau mit Partner, die sich allein um den Haushalt kümmert, nicht nur ihren eigenen »Dreck« und den des Kindes wegzuräumen und aufzuwischen. Sie muss auch noch die Wäsche ihres Partners waschen und fühlt sich dann nicht selten so, als wäre sie alleinerziehend mit zwei Kindern (wobei eins davon der Vater ist). Single-Mums hingegen haben nur den Haushalt für sich und das Kind zu erledigen.

Eigene Bedürfnisse versus gesellschaftliche Ansprüche

Die Hauptgründe für die Unzufriedenheit und das schlechte Gewissen von Müttern liegen also in dem Zwiespalt zwischen ihren eigenen Bedürfnissen und den Anforderungen, die die Gesellschaft (und ihre Familie) an sie stellt. Einher geht dieser Zwiespalt und die Ungewissheit, ob man seinen Kindern gerecht wird, mit dem Mangel an Anerkennung. Gesellschaftliche Wertschätzung wird Müttern nicht nur versagt, wenn sie sich dazu drängen lassen, zu Hause zu bleiben. Für den Wiedereinstieg in den Beruf gibt es natürlich erst recht keine Bewunderung. Von wem auch? Von den Männern, die nun zu Hause mehr mit anpacken müssen? Von den Chefs, die unter einer perfekten Mitarbeiterin eine Frau ohne Gebärmutter und familiäre Verpflichtungen verstehen? Von den kinderlosen Kolleginnen und Kollegen, die neidisch gucken, wenn man das Büro um 11.25 Uhr schon wieder verlassen muss, weil das eigene Kind sich im Kindergarten auf die Schuhe der Erzieherin erbrochen hat? Oder von den Erzieherinnen, die auch liebend gern irgendwo in einem ruhigen, klimatisierten Büro arbeiten würden, stattdessen aber für einen Hungerlohn auf 20 Kinder von berufstätigen Müttern aufpassen?

Fakt ist also: Mütter sind häufig unzufrieden mit sich, mit ihrem Leben und mit den unvereinbaren und widersprüchlichen Bedürfnissen, die sie haben. Sie wollen frei sein, selbst über ihr Leben bestimmen, beruflich erfolgreich sein und Geld verdienen – oft auch noch mit einer sinnvollen Tätigkeit. Aber sie wollen auch den gesellschaftlichen Vorstellungen einer guten Mutter entsprechen, sie wollen das Beste für ihre Kinder, sie wollen im Notfall für ihre Kinder da sein und sie wollen nicht, dass ihre Bedürfnisse gegen die der Kinder ausgespielt werden. Sie wollen nicht jahrelang zu Hause bleiben, um sich zwischen Kindergeschrei und Wischmop bei Sisyphos-Arbeit selbst zu verlieren. Sie wollen nicht ihr Glück für das Glück ihrer Kinder opfern müssen. Und sie wollen nicht für die Inanspruchnahme existenzieller Menschenrechte verurteilt werden, wie zum Beispiel Ruhe- und Entspannungsphasen, Zeit für Mahlzeiten und Körperhygiene zu haben oder mal etwas tun zu können, was ihnen selbst Freude bereitet.

Doch wie sie es auch drehen und wenden, wie sehr sich Mütter bemühen und welche eigenen Träume und Wünsche sie auch begraben: Es wird ihnen das Gefühl vermittelt, permanent Fehler zu machen, nicht zu genügen und keine guten Mütter zu sein. Die Messlatte für gute Mutterschaft hängt dabei nicht nur so hoch, dass sie nicht erreicht werden kann, sondern es versteht auch jeder etwas anderes darunter. Und gerade Mütter haben besonders strenge Ansichten dazu, was eine Frau alles tun und was sie lassen muss, damit man nicht die Nase über sie rümpft. Kein Wunder, sind sie doch selbst Zielscheibe von unerfüllbaren Forderungen.

Mutterschaft im 21. Jahrhundert – ein Knochenjob

Es gibt für Mütter inzwischen unendlich viele neue Aufgaben. Mütter müssen damit rechnen, dass von ihnen erwartet wird, dass sie sich jeder Menge Fragen stellen und diese »richtig« beantworten: Soll der Babybrei selbst gekocht oder gekauft werden? Soll eine Mutter stillen und wenn ja, wie lange? Kann man Zahnungsgel bei Zahnungsbeschwerden und ätherische Öle bei Erkältungen geben? Sollten sechs Monate alte Kinder besser zu einer Tagesmutter oder in die Krippe? Sind die Plastikbecher aus dem Supermarkt schadstofffrei? Füttert man aus Glas- oder Plastikfläschchen, mit Latex- oder Silikonsauger, aus Standard- oder Weithalsflaschen, mit Henkeln oder ohne? Kauft man die Fläschchen von bekannten Marken oder aus der Drogerie oder kauft man gar ganz besonders teure, aber innovative Fläschchen und Sauger aus der Apotheke?

An jeder noch so alltäglichen Entscheidung, die Eltern treffen müssen, scheiden sich die Geister. Frauen können unmöglich in jedem Bereich als gute Mutter gelten. Wo sie für die eine Entscheidung mitleidig belächelt oder streng kritisiert werden, trifft eine andere Entscheidung auf Zustimmung. Die kaum zu bewältigende Vielfalt an Möglichkeiten raubt zudem Kraft und Zeit. Die Informationen und Hinweise, die gelesen und recherchiert werden müssen, sind vom Umfang her mit einer Abendschule zu vergleichen. Diese wird von Müttern so ganz nebenbei – neben dem 24-Stunden-Job als Hausfrau und Mutter absolviert.

Die Ansprüche an die Kindererziehung sind nicht zufälligerweise genau in der Zeit enorm gestiegen, in welcher Mütter verstärkt gegen das jahrelange Zuhausebleiben rebellierten. Der Zuwachs an Erziehungsaufgaben kann als direkte gesellschaftliche Reaktion auf die Frauenbewegung und Mütteremanzipation verstanden werden. Als Antwort auf die Forderung, Kinder und Beruf zu vereinbaren und früh wieder arbeiten zu gehen, wächst der Berg an Erziehungsaufgaben stetig an. Denn wer sich – wenn die Kinder endlich schlafen – bis nachts über die unterschiedlichen Schnullerformen, Weichmacher in Laufradlenkern oder wackelige Hochstühle informieren muss, hat es deutlich schwerer, auch noch eine Berufstätigkeit in diesen übervollen Tag zu pressen.

Das Gesprächsverhalten unter Müttern

Gerade Single-Mums müssen damit rechnen, dass einige andere Mütter nicht besonders feinfühlig mit ihnen umgehen werden. Der Umgangston unter Müttern ist mitunter ein rauer. Dies trifft natürlich nicht auf alle Mütter zu. Dennoch sollte man vorbereitet sein und sich sein Umfeld auch entsprechend auswählen. Schon Schwangere werden manchmal bereits mit einem überkritischen Gesprächsverhalten konfrontiert. Dabei gehen die Sticheleien und die Missbilligungen sowohl von anderen Müttern als auch vom Umfeld der Schwangeren und Mütter aus. Die Kritik wird oft subtil, indirekt und versteckt formuliert. In den Babykursen und Krabbelgruppen kommt Missbilligung fast immer im Gewand des wohlmeinenden Ratschlags oder der überraschten

Nachfrage daher. Da heißt es dann: »Wie, du stillst nicht?« oder »Also meine Tochter hat ja schon mit zwei Wochen die ganze Nacht durchgeschlafen, weil wir sie sofort an Rituale gewöhnt haben.«

Obwohl in Gruppen die Wortwahl deutlich harmloser ist als im Dialog, bedeutet das nicht, dass hier Mütter nicht genauso heftig vor den Kopf gestoßen werden. Eine subtile Kritik vor einer ganzen Gruppe hinterlässt bei manchen betroffenen Müttern ein mindestens ebenso schlechtes Gefühl wie eine direkte Kritik im Zwiegespräch. Zum einen sind mehrere andere Personen dabei, wenn zum Beispiel eine Beschwerde über das eigene Erziehungsverhalten laut wird, da ist die Scham umso größer. Zum anderen muss man in einer Gruppe immer Angst haben, dass noch weitere Mütter auf den fahrenden Zug aufspringen, um durch die Abwertung einer anderen von der Aufwertung der eigenen Person zu profitieren. Schnell wird man zur Zielscheibe vieler. Zudem sind dort genügend Mütter, mit denen man sich vergleichen kann. Das Gefühl zu haben, dass eine einzelne Mutter etwas vielleicht besser macht als man selbst oder genauer informiert ist, ist weit weniger schlimm, als wenn man feststellt, dass man unter sieben oder acht Müttern die einzige ist, die einen vermeintlichen Fehler begeht.

Natürlich würde eine Krabbelgruppe sich auch anbieten, um andererseits Unterstützerinnen für das eigene Verhalten oder den eigenen Erziehungsstil zu finden. Doch in einer Gruppe mit Personen, die alle das Gefühl haben, nicht zu genügen, bewirkt die Gruppendynamik weit seltener Solidarität, als man hoffen könnte. Mütter, die sich selbst als schlecht und fehlerhaft empfinden, werden sich deutlich seltener mit Opfern von Vorwürfen solidarisieren als mit denjenigen, die die Vorwürfe formulieren.

Dies liegt auch daran, dass die Belastungen, unter denen Mütter zu leiden haben, ein großes Tabu-Thema sind. Um sich mit anderen Müttern zu solidarisieren, müssten aber das eigene schlechte Gewissen, die Überforderung im Alltag, die nervliche Überlastung und negative Gefühle gegenüber dem Job als Hausfrau und Mutter angesprochen werden. Doch nur wenige Mütter sprechen mit ihren Freundinnen offen darüber.

Direkte Formulierungen wie »Es ist schlecht, dass du nicht stillst«, »Dass du nicht stillst, schadet deinem Kind« oder »Wer Brei nicht selbst kocht, ist keine gute Mutter«, »Gekaufter Brei ist schlecht für dein Kind« werden in den Gesprächen kaum verwendet. Vor allem in den Müttergruppen wäre solch ein deutlicher Tadel undenkbar. Sehr häufig werden Vorwürfe indirekt und vermeintlich interessiert in Fragen verpackt. Dadurch können sie allerdings auch nur schwer als solche enttarnt werden.

Als Beispiel: Was würde passieren, wenn eine Mutter vor einer Babyschwimmgruppe zu einer anderen sagt: »Die Schwimmwindel, die du deinem Sohn angezogen hast, ist gar nicht gut für ihn.« Sie würde vermutlich von allen Umstehenden skeptisch angeschaut und müsste sich von der Angesprochenen die Frage gefallen lassen: »Meinst du, ich schade meinem Kind?« Die geäußerte Kritik würde letztendlich auf sie selbst zurückfallen. Sie würde wie eine Besserwisserin wirken, die sich ganz offensichtlich als besonders kluge und gut informierte Mutter darstellt. Wenn ein solcher Vorwurf subtil formuliert wird, entfaltet er die gewünschte Wirkung. Direkt und offen geäußert, wirkt er allerdings nahezu lächerlich. Denn es stellt sich die Frage, ob die Mutter tatsächlich behaupten möchte, dass durch die vermeintlich falsche Windelwahl das Kindeswohl gefährdet ist.

Man darf nicht vergessen, dass die Krabbelgruppen und Babykurse nicht nur besucht werden, um die Kinder optimal zu fördern. Ein Hauptgrund für Mütter, an solchen Kursen teilzunehmen, ist, dass sie Kontakte zu anderen Müttern knüpfen möchten. Sie haben also nicht vor, unsympathisch zu wirken. Die meisten möchten wie besonders gewiefte, sehr bedachte und fürsorgliche Mütter wirken. Andere sollen am besten denken: »Die hat Ahnung. Vielleicht kann ich von ihr noch den ein oder anderen Tipp erhalten.« Mütter möchten also in Gruppen Kontakte knüpfen. Sie wollen sich womöglich beliebt machen, damit andere mit ihnen befreundet sein wollen. Diese Motivation zum Kursbesuch steht in starkem Widerspruch zu Äußerungen direkter wortgewaltiger Vorhaltungen. Niemand findet Menschen sympathisch, die offen und ungefragt andere für ihr Verhalten oder ihre Lebensweise kritisieren – erst recht nicht, wenn sie dies vor einer großen Gruppe tun.

Fragen scheinen also hier der perfekte Ausweg und ermöglichen manchen Müttern (vermeintlich), zwei Ziele mit einer Methode zu erreichen: 1. Sie können an anderen interessiert wirken und 2. Sie können zeigen, was für gute Mütter sie sind. Wenn Fragenstellen den Eindruck erweckt, man würde sich für seine Mitmenschen interessieren, dann müsste es einen sehr sympathisch machen. Und wenn sie mit diesen Fragen gleichzeitig zeigen können, wie gut informiert sie sind und wie wenig andere Mütter wissen, dann können sie sich selbst dadurch aufwerten. Ihr Bedürfnis, sich selbst über andere zu erhöhen, wird von den Sticheleien, die in Frageform verpackt sind, befriedigt. Daher formulieren Mütter gerne Fragen wie: »Wie, du stillst gar nicht?« (Unterstreichend wirkt hierbei der überrascht-skeptische Blick oder die hochgezogene Augenbraue.) Weitere Beispiele für subtile Kritik in

Frageform wären: »Hast du keine Zeit, den Babybrei selber zu kochen?« oder »Weißt du, ob in eurer Babyrassel Schadstoff XY enthalten ist?«

Leistungsdruck durch Vergleiche

Gerne wird in den vielen Babykursen wöchentlich verglichen, wie weit entwickelt welches Baby schon ist, welches Kind sich bereits aufstützt, dreht, Brei isst, sitzt oder krabbelt. Es ist nicht unüblich, dass zu Beginn der Kurstermine jede Mutter kurz berichtet, was sich bei ihrem Kind in der letzten Woche getan hat. Dieser vorgeblich harmlose Entwicklungsvergleich wird schnell zum »Kinderwagenwettlauf«. Leistungsdruck schon im Krabbelalter ist keine Seltenheit. Beinahe jede Mutter möchte doch mit ihrem Baby glänzen. Das ist die Kehrseite der Medaille, wenn Mütter vollständig für die Entwicklung und Gesundheit ihrer Kinder verantwortlich sind. Viele Mütter sind der Meinung, dass ein weit entwickeltes Baby ein gutes Licht auf sie als Mutter wirft. Somit haben diese Mütter natürlich ein Interesse daran, ihre Kinder bestmöglich zu fördern und zu unterstützen. Allerdings haben sie auch ein Interesse daran, dass ihr Kind nach außen noch weiter entwickelt wirkt, als es eigentlich ist.

Problematisch ist, dass bereits in den Krabbelgruppen und Babykursen Eltern zu spüren bekommen, dass ihre eigene Person darüber bewertet wird, was ihre Kinder können. Mütter können hier zu einem Verhalten geradezu erzogen werden, das sie später nicht mehr oder nur schwer wieder ablegen können. Der Leistungsdruck setzt sich in solchen Fällen meistens fort. Häufig wird mit Vergleichen im Babyalter begonnen, um sich angeblich gegenseitig zu beruhigen und die Akzeptanz von Unterschiedlichkeit zu fördern. Das ist ein ehrenwertes Ziel. Da Mütter aber ahnen, dass ihr Stand in der Gesellschaft mit den Leistungen ihrer Kinder stehen und fallen kann, ist letztendlich das Gegenteil der Fall. Das Vergleichen der Fähigkeiten und der Entwicklungsschritte der Babys fördert häufig nicht etwa die Akzeptanz von Unterschiedlichkeit, sondern den Druck, dass das eigene Kind funktionieren muss – und zwar am besten besser und schneller als alle anderen. Auf jeden Fall sollte es sich nicht langsamer entwickeln als andere, sonst stehen die Mutter und ihre Erziehung auf dem Prüfstand.

Diejenigen, die an diesen Kursen teilnehmen und darauf schwören, dass man dort lernen würde, dass alle Kinder unterschiedlich sind und ihr eigenes Tempo haben, sind meist diejenigen, deren Kinder in den meisten Bereichen weit entwickelt sind. Interessant ist aber die Frage, wie sich in solchen Gruppensituationen Mütter fühlen, deren Kinder ein wenig anders sind und sich eben von der Norm abweichend verhalten. Wobei sich natürlich die Frage anschließt, wer diese Norm festlegt.

Durch diese Rundumüberwachung der Kleinen und die permanente Suche nach Krankheiten und Entwicklungsverzögerungen steigt der Druck für manche Mütter, ein kerngesundes Kind haben zu müssen. Kein Wunder also, dass unter Müttern das aktuelle Gewicht und die genaue Körpergröße des Babys so wichtig sind wie für Aktionäre die täglichen Börsenkurse. Egal, wo man Mütter trifft, im ersten Lebensjahr ihrer Kinder und darüber hinaus gibt es keine häufiger gestellte Frage als: »Wie groß ist dein Kind jetzt und wie schwer ist es?« Und auch hier bleibt es nicht bei einem einfachen sachlichen Vergleich von Werten. Viele Mütter berichten, dass ihre Kinder in den ersten ein bis zwei Lebensjahren vollkommen durchschnittlich von Gewicht und Körpergröße waren. Trotzdem mussten sie sich Vorhaltungen machen lassen, ihre Kinder wären wohl unterernährt oder überfüttert. Selbst wildfremde Menschen und Personen, die überhaupt nicht wissen, wie dieses Kind ernährt wird, fühlen sich manchmal berufen, den Müttern zu erklären, was sie wohl falsch machen. Die Reihenfolge dabei ist meist dieselbe. Erst wird das Kind betrachtet, dann werden Daten abgefragt und verglichen, und zum Schluss folgt die deftige Kritik als Ratschlag getarnt.

Nicht-Eltern, Außenstehende oder auch Väter mögen vielleicht denken, dass das alles ja so schlimm nicht sein kann. Doch wenn man sich vorstellt, es würde einer anderen Personengruppe so gehen, hätte man schnell ein Einsehen, dass der Umgang mit Müttern und vor allem von Müttern untereinander ein sehr rauer ist. So wird beispielsweise keinem Bäcker mehrfach am Tag von Kunden, Lieferanten, Passanten, Freunden, Konkurrenten und Familienmitgliedern gesagt, wie er bessere Brötchen backen könnte oder der Laden sauberer wäre. Er wird nicht von morgens bis abends bei seiner Arbeit bewertet und kritisiert.

Wer skeptische Fragen und Vorwürfe und diese in Flötentönen formulierte Kritik täglich zigfach erlebt, merkt schnell, dass sie die eigene Stimmung deutlich trüben können und man früher oder später das Gefühl hat, fast nichts richtig zu machen und sich automatisch ein schlechtes Gewissen einstellt.

Das Letzte, was Single-Mums gebrauchen können, sind Mütter und andere Personen, die ihnen durch Dauerkritik ein schlechtes Gefühl vermitteln und ihnen Energie rauben. Was für Mütter mit Partner gilt, gilt daher für Singlemütter nochmals verschärft: Es ist sehr wichtig, sich sein Umfeld genau auszusuchen und sich bei kritischen Kommentaren abzugrenzen. Dies kann dadurch geschehen, dass man das Weite sucht und die entsprechenden Personen meidet. Das kann bedeuten, dass man sofort klarstellt, dass man keine ungebetenen Ratschläge oder Vorwürfe hören möchte. Oder man kann versuchen, solche Äußerungen zu überhören und nicht an sich herankommen zu lassen, indem man sich klarmacht, dass es hier wohl nicht um die Sache geht, sondern die andere Person selber unglücklich ist und sich aufwerten möchte. Hilfreich und unterstützend kann es hingegen sein, wenn sich Single-Mums Müttergruppen suchen, in denen sie offen nicht nur über die schönen, sondern auch mal über die anstrengenden Momente sprechen können.

Förderwahn von Beginn an

Seit Jahren wird durch Elternzeitschriften, Hebammen und Buch-Ratgeber der Eindruck vermittelt, dass Babyschwimmen, Babymassage, PEKiP und Co. unbedingt nötig wären für die geistige und motorische Entwicklung der Kleinen. In unzähligen Artikeln wird hervorgehoben, welch ausgezeichnete Auswirkungen das Massieren und das Planschen, das Nacktstrampeln und das Ansprechen der verschiedenen Sinne auf die Babys haben. Eine Mutter, die etwas besonders Gutes für ihr Kind tun möchte, geht also in möglichst viele Kurse und Krabbelgruppen. Unter Müttern herrscht dadurch natürlich der Druck, viele dieser Angebote wahrzunehmen. In den Gesprächen unter Müttern, aber auch unter Schwangeren, wird immer wieder die Frage gestellt: »Und welche Kurse besuchst du?« Antwortet eine Frau dann womöglich: »keinen«, wird sie je nach Muttergruppe schief angesehen und hinterlässt oft den Eindruck einer Mutter, die sich nicht im Mindesten um das Wohlergehen ihres Sprösslings schert. Sogar die Nachsorgehebamme stellt gegen Ende der Wochenbettbetreuung die Frage, welche Kurse die junge Mutter mit dem Baby besuchen möchte.

Mit den Ängsten der Mütter wird natürlich auch Geld verdient. Und so manche Mutter wird für das Kursprogramm der/des Kleinsten einige Hundert Euro los. Ob Zwergensprache, Pikler oder afrikanische Tänze für Mütter und Babys, all diese Kurse kosten Geld. Dass Mütter glauben, eine schlechte Mutter zu sein oder ihrem Kind zu schaden, wenn sie ihm diese Kurse vorenthalten, füllt also vor allem die Kassen derjenigen, die die Kurse anbieten. Und es verdienen nicht nur die Leiterinnen der Kurse. Viele Angebote laufen bereits im Franchise-System. Dahinter stehen ganze Unternehmen, die mitverdienen.

Spießrutenlaufen in den sozialen Medien

Nicht nur in Babykursen ist ein extrem kritischer Umgang mit Müttern zu beobachten. In Elternforen, Mütterchats, sozialen Netzwerken für Eltern und in anderen Internet-Communities finden häufig sehr aggressive, stark emotionalisierte Kleinkriege unter Müttern statt. Am Ende eines solchen Streits steht nicht selten die Drohung einer Mutter im Raum, Polizei oder Jugendamt einzuschalten. Für Unbeteiligte kaum vorstellbar, werden in vielen Internetforen rund um Familie, Erziehung und Babys gerne gutes Benehmen und jegliche Umgangsformen über Bord geworfen, um ganz direkt einer anderen Mutter zu schreiben: »Dass du dein Kind nicht stillst, ist so dermaßen eigensüchtig. Was bist du nur für eine Mutter?«

Auffällig ist, dass es bestimmte Reizthemen gibt, bei denen die Wogen schnell hochschlagen und der Tonfall oft besonders scharf ist. Manche Erziehungsfragen haben ein besonders hohes Potenzial, in einem Mütterkrieg mit verhärteten Fronten zu enden. Es sind zum einen Themen, die eine besonders große Anzahl von Müttern provozieren, ihre Meinung abzugeben. Und zum anderen handelt es sich um Erziehungsfragen, die dazu geeignet sind, die eigene Meinung als alleingültig darzustellen, wie zum Beispiel Fragen zur Kinderbetreuung, zu Geschlechterunterschieden, zum Stillen oder zum Impfen.

Zudem werden online Fragen besonders heftig diskutiert, bei denen Eltern das Wohl ihrer eigenen Kinder durch den Erziehungsstil anderer Eltern gefährdet sehen. Hier sind natürlich alle Beteiligten auf eine besonders intensive Art emotional involviert. Manchmal stecken hinter bestimmten Erziehungsvorstellungen auch ganze Weltanschauungen. Eine generelle religiöse oder politische Ansicht von Müttern wird dann ausschlaggebend für die Beantwortung von Erziehungsfragen. In solchen Fällen ist der Tonfall der Mütter meist besonders scharf. Denn eine andere Meinung zum Verhalten von Eltern ist für sie dann auch gleichzeitig eine Ablehnung ihrer Weltanschauung. Dies ist zum Beispiel bei dem Thema Ernährung von Kindern der Fall. Angefangen bei der Frage nach dem Stillen bis hin zur Frage, ob Brei gekauft oder gekocht werden sollte.

Bei Müttern, die strikt für das Stillen und für selbst gekochten Brei sind, steckt vielleicht die Grundeinstellung dahinter, dass sie gesunde Ernährung, die Verbundenheit mit der Natur und ein biologisch wertvoll und ökologisch nachhaltiges Verhalten als besonders erstrebenswert erachten. Zudem haben sie vermutlich ein biologistisches Mütterbild, nach dem das Kind in den ersten Monaten unbedingt seine Mutter – in Form von Muttermilch oder ihren Kochkenntnissen – braucht.

Sachlich und an ernährungstechnischen Fakten orientiert wird dann kaum diskutiert.

Nun könnte man über viele Themen durchaus kontrovers diskutieren, ohne in vorwurfsvolle Streitereien oder aggressive Auseinandersetzungen abzugleiten. Aber dieser Mütterterror im Internet, in den verschiedenen Eltern-Foren, Mütterchats und sozialen Netzwerken zeichnet sich dadurch aus, dass er bisweilen sehr aggressive Züge hat. Verglichen mit dem Kleinkrieg, der in Mutter-Kind-Gruppen und Kursen stattfindet, sind die Streitigkeiten im Internet sehr direkt und werden häufig in einem konfrontativen, scharfen Tonfall geführt. Sie sind weniger subtil und unterschwellig. Nicht selten schaukeln sich die gegenseitigen Vorwürfe selbst bei Kleinigkeiten schnell hoch und enden mit Beleidigungen oder Drohungen. Häufig scheinen sich auch mehrere Userinnen zu verbünden und einzelne Mütter anzugreifen. Dies würde beispielsweise in Mutter-Kind-Gruppen nur in geringem Maße akzeptiert, weil eine Gruppe von Müttern dort für eine Dauer von wenigstens ein paar Wochen einigermaßen (zumindest vordergründig) harmonisch miteinander auskommen muss und sich dort kaum mehrere Mütter auf eine einzelne Frau »einschießen«. Das Internet wird jedoch oft als Ventil für unterschwellige Aggressionen genutzt. Hier kann geschrieben werden, was man sonst nicht aussprechen darf. Zumindest nicht, ohne die sozialen Konsequenzen tragen zu müssen. Statt den eigenen Freundinnen seine Abneigung gegenüber ihren Erziehungsstrategien mitzuteilen, kann man sie online Wildfremden sagen. Dabei haben die Userinnen offenbar den Eindruck, im anonymen Internet ihre Aggressionen ohne Rücksicht auf soziale Konsequenzen ausleben zu können.

Wie erklärt sich der Mangel an Solidarität unter Müttern?

Um das kritische Gesprächsverhalten unter Müttern genauer zu erklären, möchte ich auf die Arbeiten der Diplom-Psychologin Dr. Bärbel Wardetzki zu narzisstischen Persönlichkeitsstörungen bei Frauen zurückgreifen. Der Narzissmus stellt eine Selbstwertstörung dar und ist gekennzeichnet durch einen nicht unerheblichen Unterschied zwischen Außenwirkung und innerer Gefühlswelt der betroffenen Personen. Nach außen wirken sie stark, selbstbewusst, gefestigt, aktiv und dynamisch, während sie sich innerlich depressiv, ängstlich und unsicher fühlen. Die Persönlichkeit dieser Menschen zeichnet sich durch tiefe Selbstzweifel und Widersprüche aus. Sie leiden »unter Minderwertigkeitsgefühlen, obwohl sie erfolgreich sind, werten sich ab, obwohl sie gut aussehen, lassen sich auf keine feste Beziehung ein, obwohl sie große Sehnsucht danach haben.«[13]

Narzisstische Personen haben kein stabiles Gefühl für sich selbst. Mal schätzen sie sich als großartig und grandios ein, halten sich für die Besten oder Schönsten und dann wieder werten sie sich ab, fühlen sich minderwertig, schlecht oder unattraktiv. Diesen Widerspruch bezeichnet Wardetzki als den »zentralen narzisstischen Konflikt«. Und dieser erinnert an das Verhalten und die Empfindungen vieler Mütter.

Narzisstische Frauen haben nie gelernt, sich selbst realistisch einzuschätzen. Sie haben ein stark gestörtes Selbstwertgefühl und halten sich eigentlich für unfähig, schlecht, schwach und hässlich. Da diese negativen Gefühle nur schwer auszuhalten sind, soll die Überschätzung und absolute Aufwertung der eigenen Person in Phasen der Grandiosität sie quasi über die schlechten Empfindungen hinwegretten.

Diese Frauen reagieren daher mit einer Überanpassung. Sie versuchen, anderen Personen besonders zu gefallen und in deren Augen als freundlich, liebenswürdig und attraktiv zu gelten und eben nicht als minderwertig. Sie haben ein unbändiges Verlangen nach Anerkennung und Bewunderung, glauben jedoch gleichzeitig, diese nur für ihre liebenswerten, nach außen präsentierten Eigenschaften und Fähigkeiten oder Äußerlichkeiten zu erhalten und nicht für ihr wirkliches Selbst. Im Falle des Verlustes von Zuneigung und Bewunderung reagieren sie oft schwer depressiv. Denn narzisstische Frauen glauben, nur dann liebenswert zu sein, wenn sie grandios sind und sich genau so verhalten, wie andere es sich wünschen.

Bei narzisstischen Menschen sind ihre gesamte Selbstachtung und ihr Selbstwertgefühl stets von der Meinung anderer abhängig. Sie können kein stabiles Gefühl der Selbstachtung von innen regulieren. Mit dem Versuch, sich vor anderen als grandios zu präsentieren, geht oft die Abwertung anderer einher. Dies zeigt bereits, dass kein gesundes Selbstwertgefühl vorhanden ist und narzisstische Frauen im Verborgenen mit Minderwertigkeitsgefühlen zu kämpfen haben, die sie so ausblenden wollen. Wir finden also in Wardetzkis Theorien das bekannte Muster: Sich selbst nach außen aufzuwerten und als perfekt darzustellen, soll die eigene empfundene Mangelhaftigkeit überspielen und vor Minderwertigkeitsgefühlen schützen. Demselben Ziel dient es, andere Personen wiederum abzuwerten.

Wardetzkis Konzept des weiblichen Narzissmus ist hochinteressant für die Klärung des Verhaltens von Müttern untereinander. Gerade diesen Zwiespalt zwischen Grandiosität und Depression finden wir häufig bei Müttern. Einerseits haben sie große Schuldgefühle und ein permanent schlechtes Gewissen. Sie leben in ständiger Angst, etwas falsch gemacht zu haben, in der Erziehung zu versagen oder den vielen Erwartungen, die an sie gerichtet werden, nicht in Gänze nachkommen zu können. Darüber hinaus befürchten sie, dass andere von ihnen denken könnten, sie seien grauenhafte Mütter. Die Sorge, andere könnten schlecht über einen denken, ist den meisten Menschen wohl bekannt. Bei Müttern ist sie aber besonders stark ausgeprägt. Im Konzept des weiblichen Narzissmus ist dies die depressive, minderwertige Seite.

Andererseits stellen Mütter sich anderen gegenüber oft als unantastbare Expertinnen in Erziehungsfragen dar. Ihre Erziehungsweise, ihre Entscheidungen, ihre Lebensweise sind angeblich die einzig sinnvollen, und alle anderen Mütter sollten am besten ebenso leben. Andere Arten, seine Kinder zu betreuen oder zu versorgen, werden scharf kritisiert und andere Mütter mit ungebetenen Ratschlägen und besserwisserischen Tipps belästigt. Dies ist entsprechend vergleichbar mit der Seite der Grandiosität.

Sowohl die weibliche Narzisstin als auch viele Mütter haben ein gestörtes Selbstwertgefühl. Beide fühlen sich im Grunde minderwertig und fehlerhaft. Es fällt ihnen schwer, ihre Stärken und Schwächen realistisch einzuschätzen und zu akzeptieren. Nach außen wirken jedoch beide stark und selbstsicher. Dabei soll die selbstbewusste Außenpräsentation über die depressiven Gedanken hinweghelfen. Genau wie die Patientinnen von Wardetzki glauben viele Mütter offenbar, nur für Perfektion und Grandiosität geliebt und anerkannt zu werden. Sie nehmen an, für ihr wahres Selbst und ihre tatsächlichen Eigenschaften und Mutterqualitäten würden andere sie verachten und schlecht von ihnen denken. Ihr Selbstwertgefühl ist von der Meinung anderer abhängig.

Dabei verwechseln sie Bewunderung mit Liebe. Sie sehnen sich nach Liebe, die man jedoch nur für sein tatsächliches Selbst erhalten kann. Nach außen zeigen sie aber nur Eigenschaften und Fähigkeiten, die sie für bewundernswert halten. So können sie bewundert, aber nicht geliebt werden. Wer sich stets hinter einer Maske versteckt, weil er befürchtet, die Person hinter der Maske könnte niemals geliebt werden, kann eben auch nicht für das, was er wirklich ist, geliebt werden.

Um die eigenen Minderwertigkeitsgefühle nicht so stark zu spüren, werten weibliche Narzisstinnen und viele Mütter andere ab. Das gestörte Selbstwertgefühl und die daraus resultierenden Verhaltensweisen der narzisstischen Patientinnen sind auch bei Müttern, die sich gegenseitig bekriegen, zu finden. Wardetzki schreibt ausdrücklich, dass ihr Konzept des weiblichen Narzissmus auf viele Frauen zutrifft. Bei den meisten Frauen handelt es sich sicher nicht um pathologische oder behandlungsbedürftige Formen des Narzissmus. Dennoch kann die Lebensqualität davon stark beeinträchtigt werden.

Der Aufgabenkatalog für Mütter wird immer dicker

Die Ansprüche an Mütter sind wie bereits erwähnt sehr hoch. Die Erwartungen, die an Mütter gestellt werden und die Kriterien, die für eine »gute Mutter« gelten, orientieren sich dabei oft nicht an dem, was für die Kinder das Beste wäre. Dies wird jedoch gerne und unentwegt behauptet. Häufig werden von den Müttern Dinge erwartet, die zum Gradmesser für das Bild einer »guten Mutter« werden, die besonders viel

Zeit kosten und den Müttern viel Arbeit machen. Zeit- und aufwandsparende Alternativen werden dagegen als deutlich schlechter für Gesundheit oder Entwicklung der Kinder bewertet. Das Credo lautet: »Was wenig Zeit und Mühe kostet, ist auch nichts wert.« Da insbesondere bei Single-Mums die zeitlichen Ressourcen häufig knapper sind als bei anderen Müttern, ist es wichtig, diese Denk- und Bewertungsmuster zu kennen und zu durchschauen und als das zu entlarven, was sie sind: eben kein Weg, um eine bessere Mutter, sondern nur eine gestresstere Mutter zu sein.

Der zeitliche Aufwand, den Mütter betreiben müssen, um von Verwandten, Bekannten, Ärzten, Hebammen, den Medien und der Gesellschaft als fürsorgliche, liebevolle Vorzeige-Mutti angesehen zu werden, ist oft immens. Rein »zufällig« behindern diese hohen Ansprüche an Mütter ihre beruflichen Ambitionen. Wer alles selbst kochen, backen, basteln, reparieren, häkeln und dekorieren soll, der hat schließlich kaum noch Zeit für das Wesentliche.

Von Müttern wird beispielsweise eine Vielzahl von »Statt-Kaufen-oder-Sein-lassen-lieber-Selber-machen«-Aufgaben erwartet, und so haben beispielsweise viele den Anspruch an sich und andere Mütter, täglich frisch für die Kinder zu kochen – selbst wenn diese mittags im Kindergarten bereits eine warme Mahlzeit bekommen haben. Zu dem Mutterbild der meisten gehört ebenfalls, dass die »perfekte« Mutter aufwendig Kuchen und Torten selbst herstellt. Zum Kindergeburtstag reicht dafür inzwischen kein Marmorkuchen mit Smarties verziert mehr. Die Geburtstagstorten sind konditorgleich erschaffen und haben beispielsweise dreistöckige Piratenschiffformen. Und bei Küchentätigkeiten bleibt es für viele nicht. Die Einladungskarten für die Taufe oder der Weihnachtsbaumschmuck müssen auch noch selbst gebastelt werden. Manche Mutter, die ein Kind bekommen und zwei linke Hände hat, wird es schwer haben, denn plötzlich ist Basteln, Falten, Dekorieren und Kleben an der Tagesordnung.

Auch das »Erinnerungen-in-Stein-Meißeln« ist bei vielen Müttern sehr beliebt. Regelmäßig werden Schwangerschaftsbauch- und Babyhandabdrücke erstellt. Und wer damit fertig ist, der kann noch Abdrücke der Babyfüße in 3-D anfertigen lassen. Bei Großeltern, Urgroßeltern, Onkel, Tanten, Patenonkel und Patentanten stehen Fotocollagen, Hand- und Fußabdrücke, Passepartout-Fotorahmen mit Kinderbilderserie, Baby- und Kinderfotoalben und Fotokalender natürlich auch hoch im Kurs.

Und auch für die Kinder müssen Erinnerungen geschaffen und aufbewahrt werden: Viele Mütter schreiben und bekleben ein Babyalbum mit lauter Fotos, die sie regelmäßig machen und ausdrucken müssen, und schreiben womöglich auch noch täglich in das Babytagebuch. In einer Kiste wird für jedes Kind gesammelt, was es zu erinnern gibt: das Klinik-Armbändchen, die ersten Schühchen, eine Dankeskarte von der Geburt (selbst gebastelt!), die standesamtlichen Nachrichten, die Geburtsanzeige (selbst gestaltet!), eine Einladungskarte von der Taufe (selbst gebastelt!) und vieles mehr.

Sicher werden diese Erwartungen an Mütter nicht in allen Müttergruppen und Gesellschaftsschichten so formuliert. Und natürlich können Mütter sich auch selbstbewusst zeigen und Ansprüche zurückweisen und Aufgaben ablehnen. Häufig jedoch bedeutet dies, dass sie schief angesehen und sozial ausgegrenzt werden. Je nach Clique, Nachbarschaft oder der Zusammensetzung der anderen Eltern in Kita und Schule werden Mütter, die nicht alles selber backen, kochen und basteln als schlechte Mutter angesehen.

Was aber haben all diese Tätigkeiten mit einer guten Mutter zu tun? Weshalb soll von der Herstellungsart des Babybreis auf die Qualitäten einer Mutter geschlossen werden? Die Gläschenkost ist von sehr hoher Qualität, enthält oft weniger Schadstoffe und mehr Vitamine als frisch gekauftes Obst und Gemüse. Mangelernährung, die früher häufig jahreszeitenabhängig war, da gerade im Winter hierzulande nur wenig Obst wächst, wird durch das Füttern von Breigläschen ausgeschlossen. Viele Breizutaten, die wir hier im Winter vermeintlich frisch kaufen, sind bereits Tausende von Kilometern tage- oder wochenlang transportiert worden. Die Babynahrung wird so gut kontrolliert wie nie zuvor. Die Anforderungen an die käuflichen Breie sind deutlich höher als an frisches Obst und Gemüse. Und den Babybrei aus dem Glas zu füttern, statt ihn selbst zu kochen, ist deutlich zeitsparender. Zeit, die beispielsweise mit dem Kind verbracht oder zur eigenen Erholung genutzt werden kann. Und letztendlich können erholte Eltern sich wiederum besser um ihre Kinder kümmern. Es gibt keinerlei rationale Gründe, aus denen eine Mutter, die für ihr Baby kocht, besser angesehen werden sollte als eine, die fertige Babynahrung füttert.

Bei dem Anspruch an Mütter, alles selbst zu kochen und zu backen, wird Folgendes vergessen: Sie haben dann weniger Zeit für andere Dinge. Und Zeit ist bei Eltern grundsätzlich Mangelware. Ebenso verhält es sich mit dem Putzen, Schrubben, Wischen und dem Anfertigen von aufwendigen Dekorationen, Erinnerungsstücken, Fotoalben und Bastelarbeiten.

Eine Mutter, die Einladungskarten selbst bastelt, kann damit auf andere Personen sehr engagiert wirken, für ihre Kinder hat sie damit allerdings nichts geleistet. Kauft sie fertige Karten und spielt dafür mit den Kindern eine Runde Pantomime, wirkt sie nach außen vielleicht weniger perfekt oder für die Familie weniger engagiert, hat allerdings tatsächlich etwas für die Familie getan, von dem die Kinder profitieren. Wer gerne bastelt und sich dafür die Zeit nehmen möchte, sollte dies natürlich tun. Allerdings ist es dann ein Freizeitvergnügen, das die Mutter sich gönnt, oder der Versuch, wie eine perfekte Mutter zu erscheinen und Anerkennung dafür zu erhalten. Es sagt jedoch nichts über die Mutterqualitäten aus. Doch genau diese Aussagekraft wird selbst gebastelten, selbst gekochten, selbst gebackenen Dingen zugeschrieben. All dies ist rasch vorzeigbar, präsentabel, direkt sichtbar und lässt manche Menschen ein schnelles Urteil über eine Mutter fällen.

Woher kommen diese Vorstellungen von der »perfekten« Mutter? Weshalb schreiben auch heute noch viele Menschen einer Mutter, die einen selbst gebackenen Kuchen präsentiert, eher Charakterzüge wie Warmherzigkeit und Fürsorglichkeit zu als einer Mutter, die einen Kuchen kauft? Wer verbreitet die Ansicht, dass eine Frau familiär und liebevoll sei, die Kohlrouladen kocht, wohingegen eine Frau, die Cordon bleu auftaut, wenig mütterlich sei? Was lässt manche Leute glauben, eine Mutter, die Fotokalender, Dankeskarten und Handabdrücke der lieben Kleinen im Akkord bastelt und dafür wochenlang gestresst, angespannt und nervlich belastet ist, sei eine gute Mutter? Während manche dies von einer Frau, die in derselben Zeit mit ihren Kindern im Garten Herbstlaubberge oder Schneemänner bastelt und sich danach zur Entspannung mit einer Freundin einen Besuch in der Therme gönnt, nicht behaupten würden. Woher kommen unsere Vorurteile und unser Mutterbild?

Die Mutter, die stets dreistöckige Torten selbst bäckt und jeden Tag ein 5-Gänge-Menü kocht, die Mutter, die sich aufwendigen Bastelarbeiten und Dekorationen widmet, das ist die Mutter, die es in den 1950er-Jahren gegeben haben soll? Die Realität sah anders aus. Die Mutter, der es Freude bereitet, in jeder Minute ihres Lebens für die Familie zu funktionieren und stets die Bedürfnisse anderer über ihre eigenen zu stellen, hat nie existiert. Doch an die realen Verhältnisse und Bedingungen von Frauen und Müttern aus den 1950er- und 1960er-Jahren erinnert man sich kaum.

Unsere Vorstellungen über diese Zeit sind geprägt von medialen Bildern der damals beginnenden Massenkonsumgesellschaft. Viele haben zu dieser Zeit noch nicht gelebt. Sie kennen nur alte Werbetafeln und Filme – eben mediale Überlieferungen. Und die Frauen und Mütter aus dieser Zeit? Sie könnten als Zeitzeugen für Aufklärung sorgen und das Bild der perfekten Mutter, das wir bis heute verinnerlicht haben, ins rechte Licht rücken und dekonstruieren. Aber wie sie tatsächlich früher gelebt und gelitten haben, war vor 60 Jahren ein Tabuthema, und das ist es trotz der zweiten Frauenbewegung in den 1970er-Jahren oft bis heute noch.

Die Mütter haben damals extrem unter dem Bild der perfekten Mutter und Hausfrau gelitten. Sie konnten den Ansprüchen, die an sie gestellt wurden, nicht genügen. Ein unglückliches Leben führen zu müssen und gleichzeitig nach außen einen fröhlichen Menschen zu spielen, dessen Fassade nie bröckeln durfte, hat viele Mütter psychisch krank gemacht. Oft mussten sie sich Valium vom Arzt oder Apotheker unter der Hand geben lassen, da sie den Alltag sonst nicht hätten bewältigen können. Heutzutage zu versuchen, die täglichen Aufgaben einer Frau aus den 1950er-Jahren zu erledigen, ist absolut rückschrittlich. Das Recht, dies nicht tun zu müssen und unter menschenwürdigen Bedingungen leben zu dürfen, wurde von den Frauenrechtlerinnen erstritten. Die Arbeiten einer Vollzeit-Hausfrau und Mutter erledigen zu wollen und gleichzeitig zu versuchen, erwerbstätig zu sein, ist dagegen die Quadratur des Kreises.

Die zeitliche Überlastung der Mütter

Frauen haben heute dank Alice Paul, Hedwig Dohm, Simone de Beauvoir, Alice Schwarzer und Co. fast alle Möglichkeiten. Natürlich gibt es nach wie vor große Ungerechtigkeiten und Ungleichheiten. Die großen Lohnunterschiede und die patriarchalen verkrusteten Strukturen in Wirtschaft, Politik und Wissenschaft, die es Frauen massiv erschweren, in Führung zu gehen, seien hier nur als einige wenige von vielen Beispielen genannt.

Trotzdem gilt: Die meisten Frauen können heute einen ganz individuellen Lebensweg einschlagen. Sie können als Single leben oder mit einer Partnerin oder einem Partner, sie können heiraten oder sich scheiden lassen. Sie können gar keine Kinder bekommen oder eins oder zwei oder auch mehr. Sie können die Anzahl der Schwangerschaften und Geburten und den Zeitpunkt selbst bestimmen und planen. Sie können sich beruflich frei entfalten, den Berufsweg einschlagen, den sie möchten, und Teilzeit oder Vollzeit arbeiten oder auch einige Zeit zu Hause bleiben. Mittlerweile können sie sogar (erfolgreich) mehr und mehr Mitarbeit von den Männern in Küche und Kinderzimmer erwarten und verlangen. Sie können finanziell unabhängig sein und somit auch ihre eigenen Entscheidungen treffen. Sie können über ihren Körper auch innerhalb der Ehe selbst bestimmen. Dies alles wurde in den letzten Jahrzehnten von Frauenrechtlerinnen erkämpft.

Der Tag hat aber auch im Jahr 2017 nur 24 Stunden. Frauen und Mütter müssen sich entscheiden, womit sie diese Zeit füllen wollen. Die perfekte Frau und Mutter ist angeblich die Fulltime-Hausfrau, die sich nonstop um die Familie kümmert und dem Mann den Rücken stärkt. Doch anstatt dass sich Frauen gegen dieses frauenfeindliche Mutterbild wehren, es hinterfragen und ablehnen, akzeptieren sie es. Das bedeutet nicht, dass sie wie noch vor 50 Jahren tatsächlich zu Hause bleiben und keinem Beruf nachgehen. Sie gehen wieder arbeiten – einige früher, andere später, manche in Teilzeit, manche in Vollzeit. Sie versuchen dann, eine Erwerbstätigkeit und den Fulltime-Job als Hausfrau und Mutter in den 24-Stunden-Tag zu stopfen. Sie versuchen, an einem Tag zwei Leben zu führen – und gehen daran früher oder später psychisch und körperlich kaputt.

Dass etwas an unserem Mutterbild krankhaft ist, möchten die Frauen nicht anprangern, sondern im täglichen Kampf mit ihrem Leben zu heilen versuchen. Frauen möchten arbeiten gehen und dennoch all die Aufgaben erledigen, die früher von Frauen erledigt wurden, die ausschließlich zu Hause waren. Die Frauenbewegung in den 1970er-Jahren hat aber bereits kritisiert, dass Mütter ausgelaugt, erschöpft und überarbeitet sind. Sie hatten rund um die Uhr und auch am Wochenende auf Abruf zur Verfügung zu stehen. Eine Hausfrau hatte Früh-, Spät- und Nachtschicht mit Dauerbereitschaft. Urlaub gab es für sie nicht, sie hatte keinen Feierabend und kein Wochenende und durfte nie krank sein. Die damaligen Anforderungen an Mütter waren bereits gnadenlos überladen und kaum erfüllbar.

Es wird oft angeführt, dass der Haushalt heutzutage viel einfacher und zeitsparender zu erledigen wäre. Dies trifft nur zum Teil zu. Sicher haben wir heute Haushaltsgeräte, die viele Tätigkeiten vereinfachen. Waschmaschine, Geschirrspüler, Kaffeemaschine und elektrischer Rührbesen sind nur einige

Maschinen, die viele Arbeitsschritte erledigen und den Menschen Kraft und Zeit sparen. Aber parallel zu den technischen Möglichkeiten sind die Ansprüche an Hygiene und Sauberkeit im Haushalt gestiegen.

Kinder liefen früher häufig bei den Haushaltsarbeiten der Mütter einfach nur »nebenher«, sie waren mehr oder weniger sich selbst überlassen. Außer für die Mahlzeiten und »Hygienemaßnahmen« waren die Mütter vor allem dafür da, in Rufweite zu bleiben und aufzupassen, dass den Kindern nichts passierte. Die Kinder spielten mit Geschwistern und Nachbarskindern oder beobachteten die Mutter bei ihrer Arbeit.

Mittlerweile würde man Müttern, die sich so verhalten, wohl eine Verwahrlosung der Kinder vorwerfen. Wenn heutzutage Kinder Aufmerksamkeit möchten, dann sollen sie diese erhalten. Mütter sollen sich permanent intensiv Zeit für ihre Kinder nehmen und sich direkt mit ihnen beschäftigen, ohne andere Arbeiten nebenbei zu erledigen. Sie sollen mit ihnen reden, spielen, sie fördern, Kurse besuchen, basteln, toben, tüfteln, Ausflüge zu Bauernhof, Zoo und Schwimmbad unternehmen, Bücher vorlesen, singen, sie Instrumente spielen lernen und alle Sinne der Kinder anregen.

Hausfrau und Mutter zu sein, ist nach wie vor ein Fulltime-Job. Mehr noch: Es ist ein 24/7/365-Job. An 24 Stunden am Tag, an 7 Tagen die Woche, an 365 Tagen im Jahr haben Mütter Dienst. Diese Arbeit ist so schon kaum zu leisten. Wie soll sie nun auch noch von erwerbstätigen Frauen bewältigt werden? Hinzu kommt neben Hausarbeit, Kindererziehung und Beruf das Vereinbarkeitsmanagement. Das Leben aller Familienmitglieder tagtäglich zu koordinieren und zusammenzuführen, ist längst derart zeit- und kraftaufwendig, dass diese Aufgaben von Soziologen als eigener Tätigkeitsbereich (an)erkannt wurden. Im Alltag müssen viele Zahnräder ineinandergreifen, damit ein Familienleben stattfinden kann und zwei Berufstätigkeiten mit den elterlichen Verpflichtungen vereinbart werden können. Bürokratie, Verwaltung, Planung und Organisation nehmen einen großen Teil der Zeit in Anspruch. Und Studien belegen, dass wieder einmal Frauen hauptsächlich für das Vereinbarkeitsmanagement verantwortlich sind.

Weshalb versucht jede Mutter, für sich allein diesen Marathon auf dem Drahtseil zu schaffen, und leidet im Stillen, statt dass sich Frauen solidarisch gegen das kranke Mutterbild in unserer Gesellschaft zu wehren versuchen?

Wie kommt es dazu, dass Frauen diese Arbeitsüberlastung nicht thematisieren und dass sie nicht klar ansprechen, welche Arbeiten von ihnen nicht (mehr) erledigt werden können, wenn sie in den Beruf zurückkehren? Viele fürchten, dass ihre Partner und die Gesellschaft ihnen eben doch keine Berufstätigkeit zugestehen würden, wenn klar wird, dass sie dann andere Aufgaben nicht mehr erledigen können. Was wird ihr Mann sagen, wenn sie ihm erklären, dass er sich die Rouladen selbst kochen muss, falls er sie nicht aus der Dose essen möchte? Wie wird ihr Partner reagieren, wenn sie von ihm verlangen, das Wäschewaschen und das Staubsaugen zu übernehmen? Und was halten Kinder und Mann davon, wenn sie keine Zeit mehr haben, um Bücher vorzulesen, gemeinsam zu musizieren und den Sohn zum Schwimmkurs zu begleiten?

Die heutige Generation von Müttern hat Angst, dass die Akzeptanz ihres Rechts auf eine Erwerbstätigkeit und das Verständnis für ihre beruflichen Ambitionen ganz schnell wackeln würde, wenn sie daraus resultierend weniger Zeit für Haushalt und Kinder hätte. Frauen haben dank der Frauenbewegungen die Möglichkeit, arbeiten zu gehen. Im Privaten wurde dies aber oft nur akzeptiert unter dem Zugeständnis, dass sich für Mann und Kinder dadurch nichts ändern würde. Wenn Frauen nach der Geburt der Kinder wieder in den Beruf einsteigen wollen, müssen sie ihre Partner oft mit dem Versprechen besänftigen, dass sie nach wie vor alle anfallenden Aufgaben erledigen und allen Anforderungen gerecht werden. Die meisten Mütter scheuen den Konflikt mit ihren Partnern. Sie gehen Streitigkeiten und Meinungsverschiedenheiten lieber aus dem Weg, statt sich dafür einzusetzen, dass ihre Partner sie entlasten.

Das betrifft natürlich nicht alle Frauen. Viele Scheidungen sind Resultate solcher Auseinandersetzungen und Konflikte. Oft beginnt die Vermeidungsstrategie der Frauen schon lange bevor sie schwanger werden. Nämlich dann, wenn mit dem Partner nicht besprochen wird, wie er sich die Zukunft, die Familienplanung und die Arbeitsteilung als Mutter und Vater vorstellt. Viele spüren, dass das Ansprechen dieser Themen die gesamte Beziehung auf die Bewährungsprobe stellen könnte. Gespräche über die Rollen als Mann und Frau und die Aufgaben und Veränderungen, die Kinder mit sich bringen, werden folglich vermieden. Im Zweifelsfall werden sie gar nicht mehr geführt, bevor die Familiengründung startet.

Die Zukunftsvorstellungen nicht abzugleichen, ist meist keine bewusste Entscheidung und erst recht keine rationale Handlung. Die unbewusste Angst vor Liebesverlust ist übermächtig. Frauen sind durch ihre Sozialisation häufig auch heute noch nicht mit dem nötigen Selbstbewusstsein für den Konfliktfall ausgestattet. Mädchen werden zu Harmonie, Friedfertigkeit und Konfliktvermeidung angehalten.

Hinzu kommt, dass die Frauen Schuldgefühle haben. Frauen wurden jahrhundertelang unterdrückt und haben sich in den letzten Jahrzehnten jede Menge erstritten. Das Gefühl, minderwertig zu sein, haben viele Frauen unbewusst jedoch heute noch. Da bereits viele Schritte in Richtung Gleichberechtigung unternommen wurden und auch viel erreicht wurde, haben gerade Mütter den Eindruck, nicht zu viel wollen zu dürfen. Sie möchten nicht anmaßend sein und haben Angst nach all dem, was sie und die Frauengenerationen vor ihnen in der Vergangenheit schon gefordert haben, zu viel zu verlangen. Sie wollen den Bogen nicht überspannen.

Die über die Sozialisation von Generation zu Generation weitergegebenen Minderwertigkeitsgefühle sind typisch für eine Personengruppe, die Jahrhunderte, ja sogar Jahrtausende unterdrückt wurde. Nach jeder Revolution, bei der sich eine unterdrückte Gruppe Gleichberechtigung erkämpft hat, entwickeln sich Schuldgefühle bei den ehemals Unterdrückten. Ihnen wurde zu lange eingeredet, bestimmte Privilegien nicht zu verdienen. Und auch Frauen und Mütter empfinden oft, dass die Möglichkeiten und Rechte, die schon erkämpft wurden, ihnen eigentlich nicht zustehen, und dass sie weitere Rechte nicht verdienen oder verlangen dürften. Rein rational betrachtet, wissen sie natürlich, dass ihnen die vollständige Gleichstellung mit den Männern zusteht. Die lange Zeit der Ungerechtigkeiten wirkt sich vor allem auf ihr Empfinden und die unbewussten Gefühle aus.

Die unausgesprochenen Sozialisationsmuster, die Angst vor dem Verlust von Liebe und Anerkennung und die Schuldgefühle bezüglich der bereits eingeforderten Gleichberechtigung bewirken, dass die heutige Frauengeneration kaum noch Forderungen stellt. Sehr viele Mütter fordern bei der Hausarbeit und Kindererziehung nicht mehr Mitarbeit von den Männern ein. Sie prangern nicht die viel zu hohen Ansprüche an Mütter an, sondern sie versuchen das Unmögliche, die Quadratur des Kreises. Sie versuchen, gleichzeitig dem Bild von der »perfekten« Hausfrau und Mutter zu entsprechen und einer Berufstätigkeit nachzugehen.

Es sind vor allem die Single-Mums, die hier auch zu einer Veränderung des Mutterbildes beitragen können. Zum einen haben sie den Vorteil, dass sie sich nicht mit dem veralteten Mutterbild eines Partners auseinandersetzen oder darüber streiten müssen, wer das Kind von der Kita abholt oder den Müll rausbringt. Die Kinder profitieren hier natürlich ebenfalls davon, dass sie sich nicht womöglich jahrelangen Streitereien ihrer Eltern ausgesetzt sehen, um dann auch noch eine Trennung verkraften zu müssen.

Single-Mums haben aber noch viel stärker als verpartnerte Mütter das Bedürfnis, ihre eigenen Ressourcen zu schonen. Sie können es sich schlicht nicht erlauben, sich zu überfordern, indem sie sich dazu drängen lassen, alles selber zu kochen, zu basteln und ehrenamtlich auf dem Schulbasar zu helfen. Sie müssen lernen, wo ihre Grenzen sind, diese akzeptieren und kommunizieren. Mütter mit Partnern können hier von Single-Mums lernen, und es würde nicht wundern, wenn sich das viel zu traditionelle und überladene Mutterbild in Deutschland auch dank der Singlemütter langsam modernisieren ließe. Ebenso werden Single-Mums die überkritischen und anstrengenden Mütter-Cliquen meiden. Entscheidungen, die auch Mütter mit Mann treffen müssten, werden sie viel schneller und rigoroser treffen können. Ansprüche zurückweisen, sich von unangenehmen Zeitgenossen distanzieren, den Aufgabenkatalog entschlacken. Dies sind Herausforderungen, die alleinstehende Mütter bewältigen müssen. Ihre

Ressourcenknappheit führt dazu, dass sie bessere Prioritäten setzen und schnellere Entscheidungen treffen als Mütter, die in einer Partnerschaft leben.

Wie eine Generation Beziehungen abschafft

Woran liegt es, dass immer mehr Frauen mit Mitte/Ende 30 keinen Partner für eine feste Beziehung oder Familiengründung finden? Sind es die Männer, die sich nicht mehr für Nähe, Verbundenheit und Nachwuchs interessieren? Verschrecken die Frauen ernst zu nehmende und paarungswillige Männer? Handelt es sich überhaupt um ein objektiv nachweisbares Phänomen oder ist dies lediglich der subjektive Eindruck mancher Frauen?

In den letzten Jahren wurde in Frauenzeitschriften, in Blogs, in Feuilleton-Artikeln, in Talk-Sendungen und in Beziehungsratgebern immer wieder beschrieben, dass sich unser Flirt- und Beziehungsverhalten radikal verändert hat. Hierfür sind verschiedene gesellschaftliche Veränderungsprozesse verantwortlich.

Beziehungen sind kein Muss mehr

Während unsere Großeltern und teilweise auch noch unsere Eltern allein aus ökonomischen und sozialen Gründen häufig Langzeitbeziehungen und Ehen führen mussten, steht uns dies heutzutage frei. Noch vor 50 Jahren wäre ein finanzielles Überleben ohne Partner insbesondere für Frauen nur schwer möglich gewesen. Der Zugang zu Bildung und gut bezahlten Jobs war für Frauen damals deutlich erschwert. Männer wiederum waren einseitig auf das Erwerbsleben ausgerichtet. Wie man einen Haushalt führt und soziale Kontakte pflegt, ist ihnen weder beigebracht worden noch waren das Aufgaben, die von Männern ohne gesellschaftlichen Widerstand hätten erledigt werden können. Nachdem man ihnen als Kinder völlig unterschiedliche Aufgaben und Funktionen anerzogen und nahegelegt hatte, brauchten sich Mann und Frau regelrecht als Ergänzung.

Heute haben wir hingegen die Wahl, wie wir unser Leben gestalten wollen. Eine 32-jährige Frau oder ein 32-jähriger Mann ist nicht mehr der Schandfleck der Familie, wenn er oder sie Single ist oder nicht heiraten möchte. Natürlich stehen Kinderlose und Singles unter einem gewissen gesellschaftlichen Druck, dieser ist aber in keiner Weise mehr mit der damaligen Situation vergleichbar. Mit 30 Jahren noch nicht verheiratet zu sein, ist heutzutage etwas völlig Normales. Vielleicht nie zu heiraten und mit einer Langzeitpartnerin in einer festen Beziehung zu leben, ist ebenso immer weiter verbreitet.

Frauen und Männer haben heutzutage gleichermaßen Zugang zur Bildung. Natürlich herrschen hier noch Ungerechtigkeiten und wir haben es immer noch mit patriarchalen, verkrusteten Strukturen im Schul- und Hochschulwesen zu tun, doch inzwischen können Frauen immerhin einen Bildungsgrad erreichen, der ihnen eine Berufstätigkeit ermöglicht, mit der sie sich selbst ernähren können.

Bei manchen Berufen ist dies einfacher, bei anderen (nämlich den klassischen Frauenberufen wie SekretärInnen, ErzieherInnen, GeburtshelferInnen, Pflegepersonal etc.) deutlich schwerer. Die Bezahlung dieser Berufe ist auch deshalb so gering, weil es einst die klassischen Frauenberufe waren (und ja, zum Teil auch noch sind) und es sich somit lediglich um »Zuverdiener-Jobs« handelt(e). Wer früher in einem solchen Beruf arbeitete, hatte in der Regel einen Ehemann, der das Familieneinkommen bestritt. Die Frau arbeitete ohnehin »nur« für einen Zuverdienst, daher wurde ihre Arbeit schlecht und ungerecht entlohnt. Diese Tradition der Ungleichbehandlung und der Abwertung weiblicher Arbeiten hat sich bis heute erhalten.

Auch in anderen Bereichen gibt es nach wie vor eine massive Benachteiligung von Frauen. Von den technischen Fächern versucht man sie fernzuhalten, indem man bereits Kleinkindern einredet, dass nur Jungs mit Baggern spielen sollten. Doch gerade diese Berufe werden später ausgezeichnet bezahlt. Und von Führungspositionen sind sie in den meisten Branchen und bei den meisten Arbeitgebern auch mehr oder weniger ausgeschlossen. Offiziell und inoffiziell wird dies mit allerlei Vorurteilen und Stereotypen begründet: Frauen könnten schwanger werden und dann für Monate oder gar für Jahre ausfallen, sie könnten sich nicht so gut durchsetzen, sie bräuchten keine Gehaltserhöhung oder Beförderung, weil sie damit keine Familie ernähren müssen wie ihr männlicher Kollege. Diese und ähnlich absurde Argumente stecken häufig dahinter, wenn Frauen von den Führungsetagen ferngehalten werden. Die Diskriminierung von Frauen am Arbeitsplatz ist immer noch weit verbreitet.

Dennoch: Frauen brauchen keinen Partner mehr, um finanziell überleben zu können. Und die Männer? Die wären früher doch stark ins Schwitzen geraten, wenn sie auch nur ein Gericht in der Mikrowelle hätten aufwärmen müssen. Doch auch diese Zeiten sind längst vorbei. Frauen und Männer brauchen einander nicht mehr in dem Ausmaß, wie es früher durch die völlig getrennten Geschlechterrollen der Fall war. Sie sind nicht mehr voneinander abhängig – jedenfalls nicht aus finanziellen oder organisatorischen Gründen. Bis vor einiger Zeit waren sie aber noch aufeinander angewiesen, wenn es um das Gründen einer Familie bzw. das Zeugen von Nachwuchs ging. Wer Kinder wollte, musste sich einen Partner des anderen Geschlechts suchen. Für Männer gilt dies bis heute noch.

Die sexuelle Revolution hat ihr Übriges getan. Sex wurde von der Partnerschaft abgekoppelt. Wer seine Sexualität ausleben möchte, muss dafür nicht mehr heiraten oder in einer Beziehung leben. Es ist gesellschaftlich akzeptiert, wenn Männer oder Frauen (wobei dies bei Männern noch immer viel eher akzeptiert ist) außerhalb von festen Beziehungen Sex haben. Und auch wenn es bei Frauen in gewissen Milieus immer noch Vorbehalte gegenüber unverbindlichen sexuellen Kontakten gibt, sind diese mittlerweile nicht mehr ungewöhnlich. Ebenso wurde durch die Erfindung der Antibabypille eine Trennung von Sexualität und Fortpflanzung möglich. Wer Sex hat, muss nicht mehr befürchten, dadurch schwanger zu sein oder Vater zu werden. Durch diese Verhütungsmöglichkeit wurde unser Verhältnis zur Sexualität regelrecht revolutioniert.

Die meisten Gründe, die früher dazu geführt haben, dass Menschen sich geradezu genötigt sahen, in einer Beziehung zusammenzuleben, fielen in den letzten 50 bis 60 Jahren weg. Lebenslange heterosexuelle Beziehungen sind kein Muss mehr. Wir alle haben die freie Wahl, uns für oder eben auch gegen eine Beziehung zu entscheiden. Das heißt jedoch nicht, dass sich nun alle Menschen gegen Partnerschaften, Liebe und Familie entscheiden. Es gibt sie ja durchaus, die Menschen, die jahrelang mit demselben Partner liiert sind und mit ihm Kinder bekommen. Nur ist dies eben nicht mehr das Modell, das alle leben wollen bzw. müssen.

Insbesondere wollen es nicht alle zur selben Zeit leben. Manche Menschen entschließen sich erst mit 40 oder 50 Jahren, sich nun auf einen Partner festzulegen. Für viele Frauen mit Kinderwunsch ist dies allerdings aus biologischen Gründen einfach zu spät. Andere wiederum gehen sehr wohl feste Partnerschaften ein, leben jedoch eine serielle Monogamie, also immer wieder für mehrere Jahre in einer Beziehung. Sie wollen zwar einen Partner an ihrer Seite haben, streben aber nicht die eine, lebenslange Partnerschaft an.

In jedem Fall ist das Eingehen einer Beziehung zu einer sehr bewussten Entscheidung geworden. Insofern trägt die Einzelperson auch mehr Verantwortung für ihre Entscheidungen. Sollte man in die Lage kommen, dass man das Eingehen einer Partnerschaft oder Ehe rechtfertigen muss, kann man sich längst nicht mehr auf die äußeren Umstände berufen. Man selbst muss diese Beziehung so gewollt haben.

Das »starke Geschlecht« ist verunsichert

Viele Männer sind durch den Wandel der Geschlechterrollen auch verunsichert. Sie wissen nicht mehr, was von ihnen erwartet wird. Eine Partnerschaft scheint ihnen schwieriger und komplizierter als jemals zuvor. Sie sollen fürsorglich sein, die Frauen in ihrer Berufstätigkeit unterstützen und ihnen hierfür auch mal den Rücken freihalten. Sie sollen sensibel und mitfühlend sein, gut zuhören und über ihre Gefühle sprechen können. Andererseits wird von ihnen erwartet, dass sie im Zweifelsfall mit ihrem Gehalt die gesamte Familie ernähren können oder bei handwerklichen Aufgaben tatkräftig und kompetent weiterhelfen. Während Frauen ihren Rollenwandel selbst in die Hand genommen haben, haben die Männer diesen ein wenig verschlafen. Zumindest ändert sich die Männerrolle deutlich langsamer als die Frauenrolle.

Verunsicherung führt häufig auch zu Angst. Einer der Gründe, weshalb insbesondere viele Männer heutzutage bindungsunwillig wirken, ist der, dass sie davor zurückschrecken, ihre eigene Identität zu hinterfragen bzw. zu definieren – vor allem in Bezug auf Partnerschaften. Was für ein Mann will ich sein? Wie möchte ich in einer Partnerschaft sein? Welche Erwartungen habe ich an mich selbst? Welche Erwartungen anderer weise ich zurück? Würde ich mich in einer festen Beziehung selbst verlieren? Fühle ich mich als Konkurrent meiner Partnerin? Wie gehe ich damit um, wenn meine Freundin mehr verdient als ich oder größeren Erfolg im Beruf hat? Was will ich ganz anders machen als mein Vater oder Großvater? Wie kann ich mich gleichzeitig verletzlich zeigen und der Beschützertyp bleiben? Wie kann ich im Job engagiert wirken und dennoch mein Bedürfnis nach Zeit mit der Familie artikulieren?

Das Ringen um die eigene Identität steigert des Mannes Angst vor Nähe und Liebe. Je unsicherer Männer bezüglich ihres eigenen Verhaltens, ihrer eigenen Bedürfnisse und der Erwartungen anderer sind, umso größer wird die Angst, mit dem eigenen Verhalten anzuecken oder verletzbar zu sein. Nähe und Bindung zu vermeiden oder zumindest auf Abstand zu halten, gibt den Männern ein Gefühl von Sicherheit zurück. Wenn man schon selbst kaum weiß, wer man ist oder sein will und wie man sich im Dschungel der Geschlechterrollen positionieren möchte, dann wird dieses im täglichen Austausch und Rollenabgleich mit einer Partnerin umso schwieriger. Diese psychologischen Abläufe sind den Männern meist nicht bewusst. Und leider führt die Vogelstrauß-Taktik auch zu keiner Veränderung oder Verbesserung der Lage.

Es gibt aber noch einen weiteren Unterschied zwischen den Geschlechtern: Männer hören keine biologische Uhr ticken. Oder zumindest tickt ihre Uhr sehr viel leiser und langsamer und beginnt erst viel später damit. Da wir in einer Gesellschaft leben, in der es durchaus akzeptiert ist, wenn ein 45-jähriger Mann eine 28-jährige Frau datet, herrscht auf männlicher Seite natürlich auch kein besonders großer Druck, mal den tickenden Uhren der Frauen zuzuhören. Im Zweifelsfall können sie sich einfach nach einer Partnerin umsehen, die für die Familiengründung jung genug ist.

Im umgekehrten Fall – eine Frau trifft sich mit einem Mann, der 5 bis 20 Jahre jünger ist – ist dies jedoch der Gesellschaft immer wieder einen Aufschrei wert. Besonders Frauen, die im Fokus der Öffentlichkeit stehen, bekommen dies zu spüren. Wenn eine Frau mit Mitte 40 und ein Mann mit Ende 20 eine Beziehung führen, dann ist dies den Boulevardzeitschriften immer wieder einen Artikel wert. Die Gespräche und Berichterstattung über derartige Paare strotzen nur so von Vorurteilen, Abwertungen, und die Beziehungen werden überhaupt nicht ernst genommen – was auch an der Bezeichnung »Toyboy« für den jüngeren Mann deutlich wird.

Die Ausgangslage von Frauen und Männern ist hier also grundverschieden. Bei Männern ist das Verschleppen der Adoleszenz deutlich sozial akzeptierter, als dies bei Frauen der Fall ist. Daher muss sich ein älterer Mann auch in der Regel keine Sorgen machen, dass er keine deutlich jüngere Frau für eine Beziehung finden würde. Noch dazu, wenn die jüngeren Frauen unter gleichaltrigen Männern immer seltener potenzielle Kandidaten für Langzeitbeziehungen oder Familiengründungen antreffen. Diese Frauen sind daher auch sehr viel offener für Beziehungen mit älteren Männern.

Auch der tatsächliche Kinderwunsch ist bei Männern geringer ausgeprägt als bei Frauen. Singlemänner haben einen sehr geringen Kinderwunsch. Nicht mal ein Drittel von ihnen möchte Kinder bekommen. Bei Singlefrauen ist der Kinderwunsch jedoch ähnlich stark ausgeprägt wie bei Frauen in Partnerschaften.[1] Es treffen also viele Singlefrauen mit Kinderwunsch auf nur wenige Singlemänner mit Kinderwunsch. Diese Rechnung kann nicht aufgehen. Es ist also nur folgerichtig und eine pragmatische Reaktion auf äußere Umstände, die von einem selbst nicht verändert werden können, wenn Frauen sich nach alternativen Möglichkeiten, eine Familie zu gründen, umsehen.

Wenn es mehr junge Frauen mit Kinderwunsch als Männer mit ebendiesem gibt, ist bei einem solchen Missverhältnis klar, dass einige Frauen einen Partner mit Kinderwunsch finden, andere hingegen leer ausgehen. Auf dem Single-Markt deckt das Angebot an Männern mit Kinderwunsch eben leider nicht die Nachfrage, die von den Frauen formuliert wird. Dieselbe Beobachtung machen auch Reproduktionsmediziner. Frank Nawroth vom Kinderwunschzentrum Hamburg und Jörg Puchta, Chefarzt am Kinderwunsch Zentrum an der Oper in München, sagen, in den meisten Fällen sei es nicht der Beruf, der die Frauen zu ihnen bringe. Von seinen 35 Patientinnen im vergangenen Jahr, sagte Nawroth, hätten 27 angegeben, ihnen fehle der richtige Mann zum Kinderkriegen. Andere wollten aus anderen Gründen noch ein paar Jahre warten – aber keine Frau habe explizit auf ihre Karriere verwiesen.[2]

Wenngleich diese Beobachtung zu den Statistiken und Gesellschaftsanalysen passt, muss an dieser Stelle aber auch darauf verwiesen werden, dass eine Frau, die auf ihre Karriere verweist, mit negativen Reaktionen des Gegenübers rechnen muss. Das heißt, selbst Frauen, die ihren Kinderwunsch während ihrer Karriere leider zu lange »vergessen« haben, werden dies wohl nur in seltenen Fällen so äußern. Denn es ist einfacher zu sagen: »Ich selbst habe keine Schuld daran. Ich habe keinen Mann gefunden, der ein Kind mit mir wollte.« Hierfür wird einem eher Mitgefühl entgegengebracht. Wohingegen folgende Aussage wohl eher Kritik nach sich ziehen würde: »Ich wollte jahrelang vor allem Karriere machen. Erst jetzt, wo es fast zu spät ist, habe ich gemerkt, dass ich auch Kinder haben möchte.« Dabei ist auch Letzteres absolut verständlich und den gesellschaftlichen Umständen geschuldet. Würden wir in einer Gesellschaft leben, in der die Vereinbarung von Beruf oder sogar Karriere mit Familie für Frauen leicht zu handhaben wäre, hätten Frauen nicht das Gefühl, sich entscheiden zu müssen.

Dennoch: Frauen, die lediglich aufgrund der Karriere ihren Kinderwunsch zu lange hintangestellt hätten, hätten ja vielleicht trotzdem einen Partner haben können, mit dem sie dann einfach später Kinder bekommen hätten können. Die Singlefrauen müssten schon derart karriereorientiert gewesen sein, dass sie nicht nur die Familiengründung so lange nach hinten geschoben haben, sondern dass sie sich auch keinen Partner gesucht hätten. Es ist also tatsächlich davon auszugehen, dass ein Großteil dieser Frauen nicht aufgrund überstarker beruflicher Ambitionen den Kinderwunsch verdrängt hat. Die meisten scheinen tatsächlich keinen Partner zu finden. Oder sie finden einen Partner und trennen sich schweren Herzens von ihm, wenn zunehmend klar wird, dass sie unbedingt Kinder bekommen will und er dies auf keinen Fall möchte.

Natürlich schließt sich die Frage an, weshalb Männer einen geringer ausgeprägten Kinderwunsch haben als Frauen. Wenn man bedenkt, dass es nach wie vor die Frauen sind, die einen Großteil der zusätzlichen Aufgaben und der Arbeit erledigen, die mit Nachwuchs einhergehen, könnte man eher meinen, dass die Frauen diejenigen sein müssten, die weniger motiviert sind, eine Familie zu gründen. Wir wissen auch, dass Scheidungen seit Jahren viel häufiger von Frauen eingereicht werden als von Männern. In einer US-amerikanischen Studie zeigte sich 2013, dass 69 Prozent der Scheidungen von Frauen eingereicht wurden und lediglich 31 Prozent von Männern. Und auch in Deutschland werden die Scheidungen seit Jahren häufiger von Frauen eingereicht als von Männern. Wobei bei unverheirateten Paaren die Trennungen gleich häufig von Frauen und von Männern ausgesprochen wurden. Auch wurde herausgefunden, dass insbesondere jüngere Männer zwischen 20 und 35 Jahren ein geringeres Interesse am Heiraten haben als Frauen – dieses Verhältnis drehte sich dann bei der Gruppe der über 50-Jährigen um. Hier waren es nun die Männer, die gerne heiraten wollten, und die Frauen, die lieber unverheiratet blieben.[3]

Junge Frauen wollen also zunächst die Heirat eher als die Männer. Wenn sie jedoch erst mal verheiratet sind, dann wollen sie mit einer größeren Wahrscheinlichkeit die Scheidung. Es scheint so, als würden sich Frauen von der Ehe mehr versprechen, als diese letztlich zu halten vermag. Und Männer sind offenbar – sofern sie erst einmal geheiratet haben – in der Ehe zufriedener oder sind zumindest eher bereit, in dieser zu verharren. Dies deutet darauf hin, dass Frauen ein falsch positives Bild von der Ehe haben und ihre Vorstellungen vom Leben als Ehefrau viel positiver sind, als dies im Alltag später tatsächlich der Fall ist. Männer hingegen haben offenbar ein falsch negatives Bild vom Leben als Ehemann und können dem Ehealltag dann aber doch einige Vorteile abgewinnen.

Insbesondere wenn Kinder ins Spiel kommen, lässt sich dieser Unterschied zwischen den Geschlechtern folgendermaßen erklären: Zunächst leben immer mehr Paare einigermaßen gleichberechtigt ihre Partnerschaften. Das heißt, dass sie sich viel stärker als früher die Aufgaben, die im Haushalt anfallen, teilen. Dies verändert sich jedoch radikal nach der Geburt des ersten Kindes. Wenn der Nachwuchs erst einmal da ist, geht die Gleichberechtigung häufig flöten. Die Frauen bleiben meistens zu Hause beim Kind. Und selbst wenn die Väter Elternzeit nehmen, so bleibt es doch meist bei einer kurzen, zweimonatigen Stippvisite. Der Haushalt wird nun größtenteils von der Frau erledigt, die Kindererziehung ist auch eher ihre Aufgabe als die ihres Partners. Steigen die Mütter irgendwann wieder in ihren Beruf ein, sind sie es, die ihre Arbeitszeit reduzieren, während die Männer nicht nur unbeirrt weiter Vollzeit arbeiten, sondern ab dem Moment, in dem sie Vater werden, auch besonders viele Überstunden anhäufen.

Ein Kind zu bekommen, hat für Männer und Frauen also völlig unterschiedliche berufliche Auswirkungen: Die Frauen fahren ihr berufliches Engagement zurück, während die Männer sich verstärkt auf den Job fokussieren. Auch für die Organisation des Alltags der Familie und das Planen aller beruflichen und privaten Termine der Familienmitglieder sind hauptsächlich die Frauen zuständig. Kein Wunder also, dass Frauen mit den realen Lebensbedingungen in der Ehe – insbesondere wenn Kinder vorhanden sind – eher unzufrieden sind und die Scheidung einreichen. Männern hingegen gefällt das warme häusliche Nest schon eher, sie profitieren meist viel stärker von der traditionellen Rollenteilung, in die die meisten Paare zurückfallen. Da zunächst aber eine gleichberechtigte Arbeitsteilung geplant war, können sie im Vorfeld nicht absehen, dass diese Pläne hinfällig sind, wenn das Kind erst mal geboren ist, und sie dann tatsächlich weniger Zeit in die Kindererziehung investieren werden als gedacht. Insofern wundert es auch nicht, dass Männer es in der Ehe dann doch viel angenehmer finden als zuvor gedacht und folglich auch weniger an eine Scheidung denken.

Angst vor dem Scheitern

Dass so viele Ehen scheitern und die Familiengründung keine Garantie auf einen ewigen Fortbestand der Paarbeziehung ist, verunsichert ebenfalls Menschen mit Kinderwunsch. Es ist eben eher die Ausnahme, den einen Partner für das ganze Leben oder zumindest für die nächsten 20 Jahre zu finden. Standard ist zurzeit die serielle Monogamie. Das heißt, die meisten Menschen haben mehrere kurze bis mittellange Beziehungen hintereinander. Für die Familiengründung scheint vielen aber eine Paarbeziehung, die auf Langfristigkeit, wenn nicht sogar auf das ganze restliche Leben angelegt ist, die einzige Möglichkeit, Kindern ein stabiles und harmonisches Zuhause zu bieten. Unser tatsächliches Beziehungsleben hat sich in den letzten 40 Jahren grundlegend verändert. Doch unsere Idealvorstellung orientiert sich nach wie vor an der Vergangenheit. Deshalb scheint vielen Männern (und Frauen) die Entscheidung für Kinder von so großer Tragweite zu sein: Bedeutet sie doch gleichzeitig, mit diesem Partner noch mindestens 20 weitere Jahre in einer Beziehung leben zu müssen – zumindest, wenn man sein Familienideal erfüllen will.

Eine Ehe kann geschieden werden. Aber Kinder kann man nun mal nicht zurückgeben. Gerade für Männer ist die Vorstellung, von einer Frau geschieden zu werden, wenn die Ehe kinderlos war, ein viel kleineres Problem, als mit der Trennung von der Mutter ihrer Kinder zurechtzukommen. Dies mag auch an der veränderten Vaterrolle liegen. Klar ist, dass in den allermeisten Fällen nach einer Trennung die Kinder bei der Mutter bleiben. Früher hat es den Vätern gereicht, ihre Kinder alle vierzehn Tage am Wochenende zu sehen. Doch je aktiver Väter auch Fürsorgeaufgaben übernehmen und je enger ihr Verhältnis zu den Kindern wird, desto weniger werden sie sich mit dieser Wochenend-Papa-Nummer begnügen. Das Risiko, dass Männer bei einer Familiengründung eingehen, ist, dass eine Trennung von der Partnerin für sie häufig auch eine Trennung von den Kindern bedeutet. Dies könnte eine unterbewusste Angst sein, die Männer eher vor dem Zeugen von Nachwuchs zurückschrecken lässt als Frauen.

Daher kann es helfen, sich mit seinem Partner bewusst zu machen, dass es inzwischen mehr und mehr Modelle der Teilung der Kindererziehung nach einer Trennung gibt. Es gibt Eltern, die nach der Trennung nah beieinander wohnen und deren Kinder die Hälfte der Zeit beim Vater und die andere Hälfte der Zeit bei der Mutter leben. Manche wechseln wöchentlich, andere alle zwei bis drei Tage, je nachdem, wie es am besten zu den Terminen und beruflichen Gegebenheiten und auch dem Alter der Kinder passt.

Neben diesem Wechsel-Modell gibt es auch ein Nest-Modell, das einige Eltern praktizieren. Dabei bleiben die Kinder stets in derselben Wohnung, aber eine Woche wohnt dort der Vater mit ihnen und in der nächsten Woche die Mutter. Also anstatt dass die Kinder die Wohnungen wechseln müssen, ziehen die Eltern regelmäßig ein und aus.

Immer öfter kommt es vor, dass die Kinder zwar hauptsächlich bei der Mutter leben, sich aber die Rolle des Vaters nicht mehr auf nur zwei Wochenenden im Monat beschränkt. Viele Väter sind nach einer Trennung auch zunehmend unter der Woche präsent, holen die Kinder von der Schule ab, machen mit ihnen die Hausaufgaben oder bringen sie zum Sportverein.

Sich diese neuen Modelle und Möglichkeiten bewusst zu machen, kann helfen, Ängste in Bezug auf das Scheitern der Partnerschaft zu verringern. Denn das, was eine Scheidung oder eine Trennung der Eltern noch in der Generation unserer Eltern und Großeltern häufig bedeutete, ist längst nicht mehr der Fall. Väter können auch nach einer Trennung am Leben der Kinder teilhaben, die Eltern werden nicht als schlechte Eltern oder Menschen von ihrem Umfeld abgestempelt, Kinder von Trennungseltern werden nicht mehr derart ausgegrenzt, weil es inzwischen viele dieser Kinder gibt.

Freiheiten genießen, statt Verantwortung zu tragen

Wir leben in einer sehr individualisierten Gesellschaft. Es gibt immer weniger Standard-Lebensverläufe, nach denen sich alle zu richten haben, die nicht sozial stark sanktioniert werden. Wir haben sehr viele Freiheiten, sei es bezüglich unserer Berufswahl, unserer Wohnortwahl, unserer Freizeitgestaltung oder auch unserer Beziehungsgestaltung. Insbesondere die Freiheiten scheinen den Männern häufig wichtiger oder immerhin länger wichtig zu sein als den Frauen. Das Übernehmen von Verantwortung – jedenfalls im privaten Bereich – steht bei ihnen nicht besonders hoch im Kurs. Dies zeigt sich bereits daran, dass junge Männer erst deutlich später bei ihren Eltern ausziehen als dies bei jungen Frauen der Fall ist.

Während junge Frauen erwachsen werden wollen und selbstständig und selbstverantwortlich leben möchten, scheinen junge Männer häufig noch länger »Kind« bleiben zu wollen. Wer mit Mitte 20 noch kein Verlangen verspürt, Verantwortung für einen eigenen Haushalt zu tragen, der wird wenige

Jahre später sehr wahrscheinlich auch noch keine Verantwortung für Kinder tragen wollen. Dabei geht es nicht unbedingt darum, dass Freiheiten wie mögliche Job- und Ortswechsel, spontanes Verreisen oder längerfristige Auslandsaufenthalte auch tatsächlich genutzt werden sollen. Allein die Aussicht darauf, dass diese Optionen bestehen, scheint viele Männer zu reizen. Doch wer sich immer alles offen halten will, der hat Schwierigkeiten, sich festzulegen. Mit kaum einer Entscheidung ist man jedoch so festgelegt wie mit der Entscheidung, Kinder zu bekommen.

Dass es den Männern nicht grundsätzlich darum geht, keine Kinder zu bekommen, sondern lediglich darum, diese Entscheidung so lange wie möglich hinauszuzögern, zeigt auch folgende Beobachtung:

Zum einen beklagen Frauen ab 30, die einen Kinderwunsch haben und Single sind, dass es schwer ist, einen Mann zu finden, der ebenfalls eine Familie gründen möchte. Zum anderen berichten aber auch Frauen ohne Kinderwunsch (oder Frauen, die schon Kinder haben und keine weiteren mit einem neuen Partner möchten), dass sie ebenfalls Schwierigkeiten haben, einen Partner zu finden. Weil eben auch die wenigsten Männer damit zurechtkommen, wenn eigener Nachwuchs kategorisch ausgeschlossen ist. Äußert also eine Frau in der Kennenlernphase einem Mann gegenüber, dass sie keine oder keine weiteren Kinder will, dann hat sie ebenso große Schwierigkeiten, einen Partner zu finden. Viele Männer, die zwischen 30 und 40 Single sind, wünschen sich also eine Partnerin, mit der es eventuell möglich wäre, irgendwann hypothetisch Kinder zu bekommen, aber bitteschön nicht jetzt, das auf keinen Fall. Sie wollen sich einfach später entscheiden können, ob sie Kinder möchten oder nicht, und wollen nicht durch den allzu starken Kinderwunsch oder den überhaupt nicht vorhandenen Kinderwunsch einer Frau bereits in eine vorgegebene Rolle gedrängt werden. Sie wünschen sich eine Partnerin, die sagt, dass mit ihr alles möglich wäre. So können sie sich die Illusion erhalten, dass sie am Ende selbst entscheiden, ob sie Kinder bekommen. Dies ist natürlich ein Trugschluss. Denn auch die Frau wird sich ihre Gedanken machen und ihren potenziellen Kinderwunsch beobachten. Eines Tages wird sie also sehr wahrscheinlich genau das formulieren, was Männer am Beziehungsanfang scheuen: Sie will definitiv Kinder oder sie will keine. Für Männer gibt es keine Möglichkeit der künstlichen Befruchtung. Sie sind deutlich stärker darauf angewiesen, dass sie sich mit ihrer Partnerin auf einen Lebensentwurf einigen können. Entspricht der formulierte Wunsch ihrer Partnerin nicht dem eigenen, bleiben ihnen nur die Optionen, sich entweder unterzuordnen oder nach einer anderen Frau zu suchen, die ihre persönliche Präferenz teilt. Doch auch mit einer neuen Partnerin laufen sie Gefahr, dass deren Wunsch sich irgendwann von dem eigenen unterscheidet.

Online-Dating – der Menschenkatalog

Seit einigen Jahren haben Flirt-Apps wie Tinder, Lovoo, Badoo & Co. den Single-Markt erobert. Natürlich gab es schon lange zuvor Online-Plattformen, über die sich Männer und Frauen zwecks Anbahnung einer Beziehung kennengelernt haben. Doch so weit verbreitet wie dies heutzutage ist, war es zuvor nie. Vor zehn Jahren hat man noch hinter vorgehaltener Hand davon berichtet, dass man seinen Partner im Internet kennengelernt hat. Es hatte irgendwie einen peinlichen Beigeschmack. Inzwischen hat fast jeder Tinder auf seinem Handy installiert – selbst Menschen, die fest liiert sind. Auf Partys lernt man nur noch selten jemanden kennen. Also tauscht man sich mit anderen über Tinder-Dates aus und zeigt die neuesten Matches herum. In Cafés sitzen Frauen zusammen, die sich nicht unterhalten, sondern stattdessen alle auf ihre Smartphones starren und bei Tinder-Männern nach rechts oder links wischen. Während man früher mit Freunden durch die Stadt oder einen Klub lief und ab und zu sagte: »Da hinten ist jemand, den ich von der Arbeit/dem Sport/dem Studium kenne«, heißt es heute: »Oh schau mal, da vorne steht einer, den ich von Tinder kenne.« Das Klicken durch Flirt-Apps und das Dating-Tempo hat ein nie dagewesenes Ausmaß erreicht. Noch nie konnte man den Eindruck gewinnen, es mit so vielen potenziellen Partnern zu tun zu haben wie heute.

Dabei macht sich auch eine gewisse Beliebigkeit breit. Der angezeigte Kandidat passt optisch nicht ins Beuteschema? Wisch – der Nächste. Dieser Mann wirkt viel älter, als er ist? Wisch – der Nächste. Dann kommt ein Mann, der ein unbeholfenes Selfie vor dem Spiegel macht? Wisch – der Nächste. Es scheint, als suchten wir weniger nach dem Richtigen als vielmehr nach dem Haar in der Suppe. Und der Optimierungszwang, der unsere Gesellschaft in allen Bereichen fest in seiner Hand hält, diese »Alles-ist-machbar«-Ideologie verklärt unseren Blick für das Wesentliche.

Bei so vielen Menschen in diesem Menschenkatalog muss der Richtige schließlich dabei sein. So verspricht es uns die Logik. Und wie finden wir den Richtigen am schnellsten? Indem wir uns gar nicht erst lange mit den einzelnen Menschen befassen, sondern beim kleinsten Anzeichen von Missfallen möglichst zügig weiterwischen. Doch obwohl dieses Effizienzdenken in anderen Bereichen funktionieren mag, hat es doch in der Liebe reichlich wenig zu suchen. Liebe ist eben nicht logisch. Und auch Michael Nast resümmiert: »Das Problem mit dem Perfekten ist allerdings, dass man diesen Zustand nie erreicht.«

Wenn nur das Überprüfen Tausender potenzieller Kandidaten dazu führen soll, den richtigen Partner zu finden, dann fragt man sich natürlich, wie es früher offline geklappt hat. Da hat man sich vielleicht schon jahrelang gekannt, oder in der Arbeit kennengelernt oder ist sich zufällig in einem Café begegnet oder war auf dem Geburtstag einer gemeinsamen Freundin eingeladen. Auf diesem Wege einen Partner zu finden, war nicht besonders logisch. Funktioniert hat es trotzdem.

Die Flirt-Apps führen zu einer gewissen Beliebigkeit. Die Menschen werden zu Waren, sie werden konsumiert. Eine Frau, die einen in einer App fasziniert hat, antwortet nicht? Das stört heutzutage nicht mehr. Man schreibt einfach zehn anderen. Irgendjemand wird schon antworten. Irgendjemand ist verfügbar, um sich gegenseitig kurz ein wenig Bestätigung zu geben und sich dann nach einer besseren Partie umzusehen. Interessanterweise sind fast alle Singles bei Flirt-Apps angemeldet, die meisten sind von diesem Spiel angeekelt und sehr viele sind dennoch Dauer-Single.

Witzigerweise scheint die Partnersuche über Flirt-Apps einerseits Selbstzweifel abzuschwächen und gleichzeitig zu verstärken. Mithilfe der Apps kann sich jede und jeder in kürzester Zeit vor Augen führen, dass er/sie beim anderen Geschlecht gut ankommt und von einigen anderen Menschen für attraktiv befunden oder auch begehrt wird. Wer sich also unsicher ist, wie liebenswert er ist und ob es andere Menschen gibt, denen man gefallen könnte, kann sich bei diesen Apps versichern: Ich gefalle – zumindest rein optisch – immerhin irgendwem.

Doch die Aufmerksamkeit der Matches und Chatpartner ist ja keine exklusive – so wie dies offline schon eher der Fall wäre. Jeder von ihnen hat wiederum viele Matches. Nicht nur man selbst gefällt diesen Menschen. Viele gefallen ihnen. Der Chatpartner schreibt nicht nur einer Frau, sondern womöglich 10 bis 20 anderen Frauen ebenfalls. Das hat den Effekt, dass die allermeisten Matches nicht mal zu einem Chat führen und dass die allermeisten Chats nach einem kurzen Small Talk versanden. Das wiederum kann Selbstzweifel und Unsicherheiten verstärken. Wenn andere Menschen immer wieder Unterhaltungen mit einem abbrechen oder sich auch nach einigen Dates plötzlich nicht mehr melden, dann fragen sich viele, was sie falsch gemacht haben und warum das Gegenüber nun vermutlich mit anderen Personen schreibt oder sich mit ihnen trifft.

Nun stellt sich natürlich die Frage, ob es tatsächlich die Flirt-Apps sind, die zu Beliebigkeit, Beziehungsängsten, der Sucht nach Aufmerksamkeit und neuen Beziehungsformen wie dem »Mingle-Dasein« (siehe nächstes Kapitel) führen, oder ob es die ohnehin vorhandenen Schwierigkeiten sind, die die meisten von uns damit haben, sich festzulegen, Nähe zuzulassen, sich selbst zu lieben und mit dem Hier und Jetzt zufrieden zu sein, die dazu führen, dass wir die Flirt-Apps nutzen?

Sehr wahrscheinlich trifft beides zu. Wenn Männer und Frauen heutzutage nicht ohnehin Probleme damit hätten, sich auf einen Partner und Nähe und Selbstliebe einzulassen, dann wären sie nicht so begeistert oder geradezu süchtig nach dem Benutzen der Flirt-Apps. Denn wenn man so manchen App-Nutzern zuhört, könnte man tatsächlich meinen, dass es sich um eine Sucht handelt, denn ihre Aussagen unterscheiden sich nicht stark von beispielsweise denen der Raucher: »Klar macht es Spaß, eine Zigarette zu rauchen. Ich könnte nicht darauf verzichten. Aber was wäre das schön, wenn ich aufhören könnte.«

Schlimm ist, dass viele Menschen offenbar gewisse Sehnsüchte und Bedürfnisse haben, die sie dazu verleiten, von Flirt-Apps abhängig zu werden. Denn diese Apps lösen die Probleme leider nicht, sie helfen aber dabei, sie weiterhin zu ignorieren, zu verschleiern, zu verharmlosen und sich bloß nicht damit beschäftigen zu müssen. Außerdem verschlimmern sie unsere Beschwerden. Denn sie gaukeln uns vor, dass Nähe nicht nötig ist, dass sie vielleicht sogar stört und dass man Bestätigung und vielleicht sogar Liebe bekommen kann, ohne wirkliche Nähe zulassen zu müssen. Sie gaukeln uns vor, dass wir unseren Schmerz und unsere Verletzungen mit der kurzfristigen Anerkennung, Aufmerksamkeit und Bestätigung anderer Menschen betäuben und unsere tiefe Sehnsucht danach, uns selbst so lieben zu können wie wir sind, damit befriedigen könnten.

Es ist natürlich auch verlockend: Während früher meist Männer beim Weggehen Frauen ansprachen und damit jedes Mal riskierten, zurückgewiesen zu werden, gibt es nun die einfachere und schmerzfreiere Variante der Flirt-Apps. Denn auf Tinder liked man nun Menschen, und wenn diese einen ebenfalls geliked haben, entsteht ein Match. Wer einen nicht geliked hat, obwohl man selbst Interesse gehabt hätte, wird überhaupt nicht angezeigt. Man selbst erfährt nie, welche Personen einen nicht mochten. Und auch die Personen, die einen mit einer Wisch-Bewegung ins »Aus« manövriert haben, werden nie erfahren, ob die soeben zurückgewiesene Person sie denn überhaupt gemocht hätte. Echte »Körbe« werden also weder vergeben, noch erhält man welche. Zudem muss man diesen Personen nicht persönlich gegenüberstehen. Das Risiko, verletzt zu werden, ist nicht nur auf ein Minimum reduziert. Es ist schlicht nicht mehr vorhanden – jedenfalls nicht mehr im Entferntesten auf dieselbe Art, wie dieses früher bestand und heutzutage auch offline noch besteht. – Zumindest wenn es um das erste oberflächliche Matching-Spiel geht. Und auch wenn einem der ein oder andere »match« nicht zurückschreibt, tun dies vielleicht zeitgleich zehn andere. Nach jeder Mini-Zurückweisung wird man also durch Bestätigung und Aufmerksamkeit von anderen »belohnt«.

Diese neuen Flirt-Regeln verändern natürlich unser Verhältnis zueinander: Wenn Zurückweisung nicht mehr vorhanden ist oder nicht mehr wehtut, wie kann man sich dann tatsächlich noch darüber freuen, wenn einer »angebissen« hat? Niemand riskiert tatsächlich etwas, also kann auch niemand etwas gewinnen. Es ist diese merkwürdige Ambivalenz, dieser Teufelskreis, in dem Selbstzweifel erst abgemindert und dann wieder verstärkt werden. Das ist auch die größte Motivation für das Nutzen der Apps und gleichzeitig der Grund für die Sucht nach ihnen. Die Versuchung ist groß, nach den Mini-Zurückweisungen gleich weiterzuspielen und zu wischen, um sich schnell mit Bestätigung von anderen zu betäuben. Doch wenn hier nichts wirklich zählt, niemand etwas riskiert, sich niemand tatsächlich zeigt, jeder als Hauptziel hat, nicht verletzt zu werden, und andere Menschen völlig instrumentalisiert werden zur Befriedigung der eigenen Bedürfnisse nach Bestätigung, dann wird es schwierig, auf diesem Wege eine emotionale Bindung aufzubauen.

Außerdem sprechen immer weniger Männer beim Weggehen Frauen an (Frauen haben dies zuvor bereits nicht in einem nennenswerten Ausmaß gemacht). Weshalb sollten sie sich im realen Leben einer möglichen Zurückweisung aussetzen, wenn sie so etwas bei Tinder garantiert nicht erleben müssen? Damit werden die Flirt-Apps zum Selbstläufer. Je weniger man Menschen beim Weggehen kennenlernt oder im realen Leben als Frau angesprochen wird, umso eher muss man auf die Flirt-Apps mit ihren abstrusen Regeln und Ritualen zurückgreifen, wenn man Männer kennenlernen möchte.

Bindungsstörungen & Mingles

Bücher über Bindungsstörungen, über Männer, die vor der Liebe flüchten oder wahre Nähe vermeiden, haben derzeit Hochkonjunktur. Diese Menschen sind nicht etwa Einsiedler, die Kontakt zu anderen scheuen. Im Gegenteil: Bindungsgestörte sehnen sich stark nach Nähe. Sie sind nur unfähig, diese auch zuzulassen. Und so haben sie (unbewusst) diverse Strategien entwickelt, um einen Menschen in ihrer Nähe zu haben und zu halten, ohne ihn jemals tatsächlich an sich heranzulassen.

Sie verschaffen ihren Partnern beispielsweise (unbewusst) gerne ein Wechselbad der Gefühle. Denn nach jeder Phase der Annäherung und tiefen Verbundenheit müssen sie den anderen wieder weit von sich stoßen. Ihren eigenen Wunsch nach Nähe verspüren sie nur aus der Distanz, daher suchen sie diese zwanghaft immer wieder auf. Diese Distanz erreichen sie, indem sie plötzlich für Tage oder Wochen »untertauchen«, angeblich nur noch Zeit für ihre Arbeit haben oder auch, indem sie dem Partner grausame Dinge sagen. Sind sie selbst nicht in der Lage, das Weite zu suchen, sorgen sie einfach dafür, dass der Partner sich von ihnen entfernt, indem sie ihn verletzen.

Insbesondere die aktiv Bindungsgestörten sind häufig Männer. Aktiv Bindungsgestörte sind Menschen, die von sich aus immer wieder Distanz suchen oder herstellen. Passiv Bindungsgestörte hingegen sind eher Frauen. Frauen, die immer wieder an bindungsgestörte Männer geraten, sollten sich einmal fragen, ob dies nicht ihre unterbewusste Strategie ist, um keine wirkliche Nähe zulassen zu müssen – indem sie sich einen bindungsgestörten Nähevermeider suchen. Dieses Verhaltensmuster ist typisch für passiv Bindungsgestörte.

Die bevorzugten Beziehungsformen für Bindungsgestörte sind Halbbeziehungen. Somit kommen ihnen die neuen Beziehungsmodelle wie »Mingles«, »Freundschaft Plus« oder »Friends with Benefits« sehr gelegen. Diese drei Begriffe versuchen, eine Beziehungsform zu bezeichnen, die in den letzten Jahren um sich greift: Es sind wiederkehrende Kontakte bzw. Treffen zwischen Menschen, die beziehungsähnliche Formen aufweisen. Häufig sind es jedoch offiziell keine Partnerschaften, oft werden dem anderen Freunde und Familie nicht vorgestellt, man zeigt sich in der Öffentlichkeit nicht als Paar, man hat keine gemeinsamen Pläne für die Zukunft und weiß oft nicht mal, ob man den anderen in zwei Wochen noch trifft – selbst wenn die Liaison bereits über viele Monate hält. Wie genau das Mingle-Modell gelebt wird, wird individuell ausgehandelt. Manche »Paare« vereinbaren Exklusivität und sehen sich fast täglich. Andere treffen sich nur alle vierzehn Tage und haben weitere Affären parallel. Manche stellen sich zwar gegenseitig im jeweiligen Freundeskreis vor, sprechen jedoch niemals miteinander oder anderen gegenüber von Gefühlen, die sie für ihren Co-Mingle empfinden würden. Manche dieser unverbindlichen Pseudo-Beziehungen werden mit der Zeit einer echten Beziehung immer ähnlicher, sodass sie irgendwann schließlich in eine klassische Partnerschaft münden. Häufig jedoch enden diese Geschichten einfach irgendwann. Wobei einige eher langsam auslaufen und andere von heute auf morgen beendet werden. Dabei ist es nicht unüblich, dass man per Textnachricht dem anderen mitteilt, man würde ihn nicht mehr treffen wollen, oder sich in manchen Fällen schlicht gar nicht mehr beim anderen meldet. So unverbindlich wie der Kontakt verlief, so unverbindlich verlaufen oft auch die »Trennungen«.

Gemeinsam ist all diesen »Beziehungen«, dass ihnen irgendetwas fehlt, um von einer Partnerschaft im klassischen Sinne reden zu können. Und wenn schon eine echte Paarbeziehung verhindert wird, dann ist eine gemeinsame Zukunftsplanung und Familiengründung natürlich ausgeschlossen. Immer mehr Männer zwischen 25 und 40 sind jedoch Fans dieser »Beziehungsform« und suchen gezielt nur nach einer Freundschaft Plus bzw. einer »Mingle-Verbindung«. Insbesondere wenn sie keinen Kinderwunsch haben, kann die bewusste Suche nach einer Freundschaft Plus statt nach einer Beziehung auch von vornherein ausschließen, dass sie an Frauen geraten, die einen Partner für die Familiengründung suchen.

Michael Nast beschreibt, dass das Etikett »Mingle« lediglich eigene Unzulänglichkeiten verschleiern und emotional bedenkliches Verhalten rechtfertigen soll. Seiner Ansicht nach geht es vor allem darum, sich noch alle Optionen offenzuhalten und keine (endgültige) Entscheidung zu treffen. Beziehungsangelegenheiten bleiben unverbindlich in der Schwebe. Verpflichtungen oder Absprachen werden entweder erst gar nicht eingegangen oder müssen nicht besonders ernst genommen werden. Diese sehr rationale Zweckgemeinschaft resultiert laut Nast daraus, dass es sich um Kompromiss-, Not- oder Übergangsverbindungen handelt. Beide »Partner« wissen – oder doch zumindest einer von beiden weiß –, dass die andere Person eben nicht »die Richtige« ist und man sich mit ihr nur die Zeit vertreibt, bis einem jemand begegnet, der oder die besser passt. Diese offenkundigen menschlichen Schwächen könnten einem unangenehm oder peinlich sein, daher wurde das Etikett »Mingle« eingeführt. Nasts Theorie:

Wenn man dem Kind einen Namen geben kann, dient das Etikett gleichzeitig als Ausrede und Begründung. Man erhebt damit die eigene Angst vor dem Alleinsein zur Lebensform bzw. zum Beziehungsentwurf.

Tatsächlich kann man sich nach außen selbstsicherer präsentieren und muss sich weniger unangenehme Fragen stellen lassen, wenn man skeptische Bemerkungen zum eigenen verkorksten Beziehungsleben mit dem Statement abwiegeln kann: »Wir sind Mingles.« Als wäre die Definition bereits eine Erklärung oder Rechtfertigung an sich, weshalb man keine Beziehung mit diesem Menschen hat, der einem doch andererseits so vertraut ist.

Dass die meisten Mingle-Verbindungen nicht in eine ernst zu nehmende Partnerschaft münden, ist übrigens einfach zu erklären. Aufgrund der Unverbindlichkeit mangelt es der Verbindung an einem vertrauensvollen und offenen Umgang miteinander. Wenn man eine Person nur halb an sich heranlässt und parallel auf Abstand hält, dann führt das dazu, dass man sich nicht ehrlich über die eigenen Gefühle und Bedürfnisse austauscht. Zu groß ist schließlich die Gefahr, verletzt zu werden. Zudem steht permanent die Vermutung im Raum, dass der andere großen Wert auf die gelebte Unverbindlichkeit und Freiheit legt und sich schnell eingeengt fühlen würde, wenn man von Gefühlen spricht, seine Wünsche äußert oder sich ihm nähert. Selbst wenn sich beide »Partner« ineinander verlieben, zerbricht die Verbindung häufig wieder. Es herrscht einfach kein Klima der Offenheit und des Vertrauens.

Wenn man sich jedoch nicht über das austauscht, was bei einem im Kopf und im Herzen tatsächlich vorgeht, muss die Kommunikation oberflächlich bleiben und der Kontakt von Missverständnissen geprägt sein. Dies ist natürlich keine gute Basis für eine Beziehung. Letztlich ist es die Angst vor Nähe und dem Verletzt-Werden, die Mingles lähmen und sie davon abhalten, eine echte Beziehung zu führen. Wenn man sich schließlich schon unbewusst eine ganze Weile gegenseitig verletzt hat, seine eigenen Bedürfnisse verdrängt und die unbekannten Wünsche des anderen zurückgewiesen hat, sind die Verletzungen und die Frustration irgendwann zu groß, um den Kontakt weiter aufrechtzuhalten oder gar zu intensivieren.

Der Mangel an Selbstliebe verhindert Beziehungen

Eine Freundschaft Plus wird auch gerne mit Personen eingegangen, bei denen man spürt, dass sie nicht wirklich zu einem passen. Dahinter offenbart sich auch die Unfähigkeit vieler Männer (und Frauen), einfach Single zu sein. Statt zu akzeptieren, dass der oder die Richtige (noch) nicht gefunden wurde und Single zu bleiben, bis dies der Fall ist, begnügen sich viele mit diesen »Kompromisslösungen«. Die Angst vor dem Alleinsein ist groß. Und die Sehnsucht nach Bestätigung, Ablenkung und Aufmerksamkeit treibt Menschen in diese »Halbbeziehungen«. Wichtiger wäre es jedoch, sich mit sich selbst auseinanderzusetzen. Es scheint, dass ein Mangel an Selbstliebe besonders häufig in eine Mingle-Beziehung führt. Wer sich nicht selbst liebt, hat ein Loch in seinem Herzen, das er versucht zu »stopfen«. Deswegen greifen dann viele auf – auch dank den Flirt-Apps mit nur einem Klick erreichbare – andere Menschen zurück, die ihnen das Gefühl geben sollen, schön, klug, erfolgreich und liebenswert zu sein. Doch wer sich auf eine Verbindung nur einlässt, weil er den anderen als Spiegel bzw. Vergrößerungsglas seiner selbst bzw. als Ersatz für die fehlende Selbstliebe braucht, um das Loch in seinem Herzen zu stopfen, dem geht es eben auch nicht um die andere Person. Sie ist austauschbar. Es handelt sich nicht um Liebe.

Ein weiterer Grund für das Eingehen von solchen »Halbbeziehungen« ist oft, dass die Personen schon die eine oder andere verletzende Erfahrung gemacht haben. Sich nicht weiter auf einen anderen Menschen einzulassen, mit ihm Zeit zu verbringen, ihn aber nicht vollständig als Partner in seine Nähe zu lassen, kann auch einfach ein Schutzmechanismus sein. Er soll vor weiteren Enttäuschungen schützen. Dies ist vor allem der Fall, wenn negative Erlebnisse noch nicht lange zurückliegen oder nie richtig verarbeitet wurden. Die eigenen Gefühle werden also bewusst auf »Wolke 4«[4] gehalten, damit man nicht so verletzbar ist.

Dies gilt für Menschen über 30 noch mehr als für 20-jährige – laut Michael Nast. Denn je älter man wird, desto größer ist auch die Wahrscheinlichkeit, dass man bereits verletzt wurde, unglücklich verliebt war und unter der Liebe bzw. Liebeskummer gelitten hat. Die meisten haben sich schon mal geöffnet und vertraut und wurden enttäuscht. Umso schwieriger fällt es ihnen hinterher, sich beim nächsten Mal wieder zu öffnen. Man wird zögerlicher und hat mehr Angst davor, einem Menschen wirklich nahe zu sein und ihm zu vertrauen.

Man weiß auch, dass beispielsweise die Scheidungsrate bei Menschen, die ein zweites Mal heiraten, deutlich höher ist als bei denjenigen, die zum ersten Mal heiraten. Wer mit der Liebe schon mal »baden gegangen« ist, tut sich beim nächsten Versuch also nicht nur deutlich schwerer, sondern die Chancen auf ein Happy End sinken auch mit zunehmendem Alter. Die Wahrscheinlichkeit, einen Partner für die Familiengründung zu finden, kann also tatsächlich mit Mitte 20 noch höher sein als in späteren Jahren.

Nähe mit einem anderen Menschen und das Risiko, verletzt zu werden, kann nur derjenige eingehen, der sich selbst liebt und auch alte Verletzungen verarbeitet und überwunden hat und daher den anderen nicht braucht wie ein Ertrinkender die Schwimmweste. Der andere kann einen nicht heilen oder einen Mangel an Selbstliebe ausgleichen. Das ist die Aufgabe eines jeden Einzelnen.

Partnerschaft um jeden Preis?

Frauen mit Kinderwunsch suchen ab einem gewissen Alter sehr ernsthaft – um nicht zu sagen zwanghaft – nach einem Partner. Verständlich ist das natürlich, denn sie haben nur noch wenig Zeit, um ihren Wunsch zu realisieren. Der Kinderwunsch überschattet damit jedoch von vornherein die Partnersuche und kann diese so noch weiter verkomplizieren.

Wenn Frauen ihr Kinderwunsch und ihre Absicht, den Partner fürs Leben zu finden, bei einem Date, das eigentlich locker und entspannt ablaufen sollte, regelrecht auf die Stirn geschrieben steht, kann dies Männer zusätzlich verschrecken. Eine Frau, die sich für eine künstliche Befruchtung entschieden hat, schildert eine ihrer Erfahrungen mit der Partnersuche folgendermaßen: »Frauen mit laut tickender biologischer Uhr sind Männern oft unheimlich.«[5]

Auch Michael Nast beschreibt diese Torschlusspanik bei Frauen ab Ende 20 und schildert, dass sich deren Kinderwunsch oft zu verselbstständigen scheint. Einen Mann jedoch nur deshalb als Partner zu wählen, weil es »5 vor 12« ist und man nicht weiß, ob man noch einem besser passenden Exemplar in der restlichen Zeit begegnet, das auch paarungswillig ist, ist natürlich auch keine gute Idee – auch wenn es sicher genügend Frauen gibt, die am Ende lieber mit einer Kompromisslösung eine Familie gründen, als diese Möglichkeit komplett verstreichen zu lassen. Damit würden vielleicht auf der einen Seite Bedürfnisse erfüllt wie beispielsweise der starke Kinderwunsch. Andererseits würde man in der Partnerschaft vermutlich nie richtig glücklich werden und würde sein Bedürfnis nach echter Liebe mit einem Partner aufgeben.

Ins Zeitalter der Emanzipation passt die Lösung, sich künstlich befruchten zu lassen, daher sehr gut. Keine Frau sollte mehr – auch nicht aufgrund eines starken Kinderwunsches – genötigt sein, mit einem Mann zusammenzuleben, den sie nicht (mehr) liebt. Genügend Frauen lassen sich heutzutage aus diesem Grund von den Vätern ihrer Kinder scheiden. Gemeinsame Kinder sollen schließlich nicht mehr der einzige Grund für den Erhalt einer Partnerschaft sein. Daher ist es nur folgerichtig, dass auch Kinder nicht der einzige Grund zum Eingehen einer Partnerschaft sein sollten. Die künstliche Befruchtung von Singlefrauen hat folglich auch emanzipatorisches Potenzial. Wenn Frauen schon einen stärkeren Kinderwunsch haben als Männer, dann sollte dieser nicht dazu führen, dass sie sich genötigt fühlen, Beziehungen mit Männern einzugehen, die ihnen eigentlich nicht wirklich als Partner zusagen. Vor allem, wenn man weiß, dass die Wahrscheinlichkeit ohnehin größer ist, dass eine Frau sich in einer Ehe unwohl fühlt, als dass dies einem Mann passiert.

»Mach dich rar, sei der Star«

Während die künstliche Befruchtung für Singles also durchaus auch als emanzipatorischer Befreiungsschlag angesehen werden kann, strotzen Beziehungsratgeber heute wie früher nur so vor konservativen und frauenfeindlichen Ratschlägen: Die Idee, dass sich Frauen bei der Partnersuche auf das Abwarten und »Rar-Machen« beschränken sollten, hat mal wieder Hochkonjunktur. Bereits vor über 20 Jahren sorgten Ellen Fein und Sherrie Schneider mit ihrem Buch *The Rules. Time-tested Secrets for Capturing the Heart of Mr. Right* für Aufruhr. Darin beschreiben sie Taktiken, mithilfe derer Frauen angeblich einen Mann zum Heiraten finden können. Diese »Regeln« basieren vor allem auf der Vorstellung, dass Männer jagen wollen und Frauen daher vor allem für folgendes Setting zu sorgen haben: Sie laufen weg und der Mann läuft hinterher. Frauen dürfen also nicht aktiv um einen Mann werben oder gar ihr eigenes Interesse an diesem Mann offen zeigen.

Aktuell sind wieder sehr viele Beziehungsratgeber und Online-Liebes-Coachings genau nach diesem Muster gestrickt: Sie raten Frauen, die sich eine feste Beziehung wünschen, stets fröhlich, gut gelaunt und schwer zu bekommen zu sein. Als regelrechte Todsünden werden hingegen ehrliche Kommunikation, Kritik bei unerwünschtem Verhalten oder das offene Zeigen der Zuneigung angesehen. Von Authentizität wird abgeraten – wobei häufig erwähnt wird, dass es natürlich am besten wäre, wenn eine Frau diese »Rolle« des jederzeit absolut umgänglichen, unkomplizierten, an einer Beziehung nicht interessierten Wesens nicht nur spielt, sondern auch tatsächlich lebt.

Die Idee, dass sich Frauen bis zur Unkenntlichkeit verbiegen müssen und das »Gefallen« derart im Fokus steht, dass die eigene Identität abgelegt werden muss, ist natürlich absolut antifeministisch und frauenverachtend. Und der Tipp, dass man am ehesten einen Mann für eine Beziehung begeistern kann, wenn man diese tatsächlich selbst überhaupt nicht (mehr) beabsichtigt, muss verstören: Denn was will eine Frau dann noch mit einer Beziehung, wenn sie diese selbst nicht mehr möchte?! Zumal diese Ratgeber alle ähnlich konstruiert sind: Eine Beziehung mit einem Mann scheint das allerhöchste und erstrebenswerteste Gut für Frauen. Eine Beziehung ist der Jackpot, das Lebensziel und der Lebenssinn einer jeden Frau. Gleichzeitig raten dieselben Autoren, die Frauen derart eindimensional darstellen, dass die Frauen sich von einem Wunsch nach einer Beziehung völlig lösen sollten – natürlich nur, um endlich einen Mann für eine Beziehung zu finden. Diese paradoxe Kommunikation muss sprachlos machen.

Doch selbst wenn man berücksichtigt, dass es vielleicht sogar stimmt – zumindest bei einigen Männern –, und eine distanzierte Frau interessanter wirkt, stellt sich die Frage, ob das vorgeschlagene Vorgehen die richtige Reaktion ist. Wenn Frauen mit Beziehungswunsch diese Ratgeber lesen und versuchen zu befolgen, dann rückt der Beziehungswunsch ja eher noch stärker in den Mittelpunkt ihres Universums, als dass sie zu einem entspannteren Umgang mit der Partnersuche gelangen.

Zudem wird der Eindruck erweckt, dass die beschriebenen Mechanismen unumstößlich wären, Männer seien halt so und Frauen müssten sich danach richten. Man findet jedoch keine Ratgeber auf dem Markt, die Männern raten, ihre eigenen Bedürfnisse und Ängste verstärkt in den Blick zu nehmen und zu hinterfragen, weshalb aktiv werbende Frauen für sie nicht interessant sind.

Auch wenn es vielleicht sogar funktioniert, auf diese Art eine Beziehung mit einem Mann aufzubauen, müssen Frauen sich fragen, ob dies der richtige Weg ist. Aus psychologischer Sicht würde eine solche Beziehung doch auf sehr wackeligen Beinen stehen. Die zwei wichtigsten Hauptpfeiler einer echten

Partnerschaft, die auch wirkliche Nähe zulässt, werden hier schließlich völlig außer Acht gelassen: Authentizität (denn nur dann kann ich auch so geliebt werden, wie ich bin) und offene Kommunikation (die einem permanenten Interpretieren und Spekulieren und Missverständnissen vorbeugt).

Zudem würde für immer eine Unsicherheit bestehen bleiben: Die Frau müsste sich stets fragen, ob sie überhaupt so geliebt wird, wie sie ist, und ob ihr Partner jemals bereit gewesen wäre, mit ihr eine Beziehung einzugehen, wenn er gewusst hätte, wer und wie sie wirklich ist. Nämlich eine Frau, die derart verzweifelt eine Beziehung sucht, dass sie umstrittene und widersprüchliche Ratgeber mit Glücksversprechen liest und befolgt. Eine Frau, die sich völlig verdreht und von sich selbst entfernt hat, die eine ihr sehr fremde Rolle gespielt hat, um einen Mann zu einer Beziehung zu bewegen. Hätte sich ihr Partner in sie verliebt, wenn er das gewusst hätte? Würde er mit ihr zusammenbleiben, wenn sie es ihm nun mitteilen würde? Diese Zweifel stehen einer glücklichen und harmonischen Beziehung im Wege.

Sind wir alle bindungsgestört?

Wenn man sich die Artikel und Blogbeiträge im Internet zu den Themen Bindungsstörung, Angst vor Nähe, Freundschaft Plus und Mangel an Selbstliebe durchliest und sich in seinem eigenen Bekanntenkreis umhört, könnte man meinen, dass wir alle bindungsgestört sind. Die einen aktiv, indem sie selbst vor der Nähe weglaufen. Die anderen passiv, indem sie den aktiv Bindungsängstlichen nachjagen. Kann es sein, dass eine ganze Generation im pathologischen Sinne bindungsgestört ist? Und wenn das der Fall ist: War es je anders? War die Generation unserer Eltern oder Großeltern denn nicht bindungsgestört? Was sagte es schon aus, wenn sie ein Leben lang in einer Ehe blieben, weil sie es aus finanziellen Gründen mussten? Es lebten doch viele in einer Art Zweckgemeinschaft und erfüllten nicht gerade das romantische Liebesideal. Und könnte man nicht ebenso behaupten, dass die wenigen, die halbwegs zufrieden in lebenslangen Beziehungen bleiben, ihrerseits auch gestört sind? Haben sie Angst vor Veränderungen oder vor dem Unbekannten? Haben sie Angst vor dem Alleinsein oder davor, nichts Besseres zu finden? Wissen sie überhaupt noch, wer sie ohne den anderen sind? Sind sie vielleicht zu feige, neue Wege zu gehen, oder scheuen sie die negativen Reaktionen ihres konservativen Umfelds?

Wer sagt schon, was richtig und was falsch ist und wie Menschen zusammenleben sollten? Woher nehmen wir das Recht zu behaupten, dass die lebenslange oder zumindest langfristige, klassische Partnerschaft das richtige Lebensmodell ist, an dem sich alle anderen zu orientieren haben?

Die Theorie, dass junge Menschen generell oder zumindest (fast) alle Männer im pathologischen Sinne bindungsgestört seien, sollte kritisch betrachtet werden. Es ist schon ein starkes Urteil, wenn man eine gesamte Generation für psychisch krank erklärt und als Hauptargument dafür anführt, dass sie ihr Leben anders gestalten als vorherige Generationen. Vielmehr müsste man sich fragen, ob wir nicht gesünder sind als jemals zuvor. In vorangegangenen Generationen war Eltern Gewalt gegenüber den Kindern erlaubt und stand an der Tagesordnung, Frauen wurden in Beziehungen systematisch unterdrückt und sogar Vergewaltigung in der Ehe war nicht strafbar. Vor diesem Hintergrund scheint es absurd, nun davon zu sprechen, dass junge Menschen plötzlich alle psychisch krank sein sollen. Fest steht, dass unser heutiges Beziehungsverhalten nicht rein individualpsychologisch erklärt werden kann, weil es eben auch ein gesellschaftliches Phänomen ist und folglich soziologisch erklärt werden muss. Viele gesellschaftliche Veränderungsprozesse führen dazu, dass wir zwar nicht zu unverbindlichen Romanzen und dem Verzicht auf Nachwuchs gezwungen werden (sonst würden ja auch alle Menschen so leben), aber diese Lebenswege werden möglich und folglich auch von einigen gelebt.

Dass Frauen oft den Eindruck haben, die Männer würden hier die Regeln machen und definieren, ob es sich um eine Beziehung handelt, ob Kinder in die Welt gesetzt werden oder ob man sich ausschließlich unverbindlich treffen mag, liegt daran, dass wir die geschlechtsspezifische Sozialisation und jahrhundertelange Unterdrückung der Frauen nicht in wenigen Jahrzehnten abstreifen können. Mädchen werden immer noch dazu erzogen, Bindung herzustellen, soziale Kontakte zu knüpfen, Beziehungspflege zu betreiben, fürsorglich zu sein, und sind völlig auf Liebe und Nähe ausgerichtet. Jungen werden hingegen auch heutzutage noch zu Härte, Gefühlskälte, Durchsetzungsfähigkeit und Selbstständigkeit erzogen. Das Machtverhältnis zwischen den Geschlechtern ist immer noch unausgewogen, und wenn Frauen sich nach Bindung und Nähe sehnen, müssen sie auch viel zu oft nach den Spielregeln der Männer leben. Letztlich haben Frauen im Rahmen der Emanzipation Männern ihre Privilegien streitig gemacht. Dass einige Männer darauf (unbewusst) mit Liebesentzug reagieren, ist nicht allzu verwunderlich. Auch wenn die psychologische Komponente des aktuellen Beziehungsverhaltens insbesondere von Männern nicht vernachlässigt werden sollte, handelt es sich doch um ein gesellschaftliches soziologisch-historisch erklärbares Phänomen.

Viele gesellschaftliche Veränderungen beeinflussen also unseren derzeitigen Umgang mit dem Flirten, der Liebe und den Beziehungen. Und letztlich führen viele dieser Veränderungen dazu, dass es schwieriger wird, feste Partnerschaften einzugehen, und dass es insbesondere auch schwieriger ist für Frauen mit Kinderwunsch, einen Partner für die Familiengründung zu finden. Wichtig ist, dass diese Frauen nicht beginnen, an sich selbst zu zweifeln oder die Schwierigkeiten bei der Partnersuche als Zurückweisung ihrer eigenen Person zu verstehen. Es sind die gesellschaftlichen Umstände, die neuen Flirt- und Dating-Möglichkeiten, die veränderten Geschlechterrollen und der Unwille vieler Männer, sich mit ihrer eigenen Geschlechterrolle, mit ihren Ängsten vor Nähe und Bindung und mit dem Thema Selbstliebe auseinanderzusetzen (was sicher auch oft auf Frauen zutrifft), die bewirken, dass es schwieriger denn je ist, einen Mann zu finden, der sich auf das Abenteuer Kind mit einem einlässt.

Welche medizinischen Möglichkeiten haben wir?

Die Geschichte der Reproduktionsmedizin

Die heutigen Möglichkeiten der künstlichen Befruchtung sind noch relativ junge Verfahren – zumindest beim Menschen. Doch die Reproduktionsmedizin und ihre vielen Versuche in der Forschung reichen bis in vergangene Jahrhunderte zurück. Man kann sagen, dass es sich um eine medizinische Forschungsrichtung handelt, der Fortschritte lange Zeit nur sehr mühsam und erst nach zahlreichen erfolglosen Versuchen gelangen.

Ein Blick auf die Geschichte der Reproduktionsmedizin ist aus mehreren Gründen lohnend. Zum einen vermittelt er einem die Erkenntnis, wie rasant sich die Methoden der Befruchtung besonders in den letzten Jahrzehnten entwickelt haben. Zum anderen wird deutlich, wie viele Forscher und Forscherinnen Jahre und Jahrzehnte ihres Lebens damit verbrachten, in diesem Feld Untersuchungen und Überlegungen anzustellen, obwohl ihre Versuche und Anstrengungen immer und immer wieder missglückten. Es ist also vor allem auch ihrer Ausdauer, ihrer Hartnäckigkeit und ihrem Glauben daran, dass es möglich ist, Menschen künstlich zu befruchten, zu verdanken, dass es diese Methoden heute überhaupt gibt.

Darüber hinaus zeigen die historischen Betrachtungen, dass schon früh moralisch-ethische Bedenken an den Forschungen und Verfahren geäußert wurden und dass von den Medizinerinnen und Medizinern auch übliche medizinische Sicherheitsvorkehrungen missachtet wurden. Der Wunsch, einen Erfolg zu erlangen, und die Konkurrenz mit anderen Forschenden ließ sie durchaus moralisch fragwürdige Vorgehensweisen wählen. Jeder Reproduktionsmediziner wollte als Erster einer Frau zu einem Baby per künstlicher Befruchtung verhelfen. Dabei sind insbesondere Hunderte von Frauen falsch informiert oder nicht aufgeklärt worden, damit sie als »Versuchskaninchen« herhielten. Es ist also nicht nur dem Ehrgeiz und der Brillanz einiger Fortpflanzungsmediziner zu verdanken, dass heutzutage Frauen künstlich befruchtet werden können. Dieser Fortschritt wurde auch auf dem Rücken Hunderter Frauen hervorgebracht. Diese Erkenntnisse helfen, die Medizinerinnen und Mediziner nicht nur als Halbgötter in Weiß anzusehen, sondern ihr Handeln auch hin und wieder kritisch zu hinterfragen.

Ziemlich genau 100 Jahre, bevor das erste Kind per künstlicher Befruchtung zur Welt kam, experimentierte der Österreicher Samuel Leopold Schenk bereits mit Hasen. Er wusch die Eizellen von Häsinnen aus und vermengte sie im Labor mit dem Samen der männlichen Hasen. Damals hatte man noch keine Kenntnisse darüber, in welchem Kulturmedium dieser Vorgang am besten durchgeführt werden sollte. Schenk benutzte einfach Gewebeteile aus der Gebärmutterschleimhaut der Tiere. Zwar misslang sein Verfahren, es kam zu keiner Befruchtung außerhalb des Mutterleibes. Doch er bewies, dass man Eizellen isolieren kann, und sein Verfahren wird auch heute noch in abgeänderter und verbesserter Form in einigen Reproduktionszentren bei menschlichen Eizellen verwendet. Es dauerte dann noch rund 50 Jahre, bis Gregory Pincus, ein US-amerikanischer Genetiker und Tierphysiologe, zum allerersten Mal unter dem Mikroskop beobachten konnte, wie der Samenfaden eines Hasen die Eizelle durchdrang und die Befruchtung glückte.

Kurze Zeit später, Anfang der 1930er-Jahre gelang Pincus nicht nur die Befruchtung außerhalb des Mutterleibes. Erfolgreich brachte er die befruchteten Eizellen wieder in die Gebärmutter einer Häsin ein, sie wurde trächtig und bekam Nachkommen. Des Weiteren experimentierte Pincus mit den Sexualhormonen und erforschte, inwiefern sich die verschiedenen Hormone auf Reifung und Befruchtungsfähigkeit der Eizellen auswirkten. Bei seinen Untersuchungen an Kaninchen machte er dann eine Beobachtung, die für die heutigen Methoden ebenfalls von großer Bedeutung ist: Er stellte fest, dass nach einer Hormoninjektion sehr viel mehr Eizellen produziert wurden.

Zu dieser Zeit schien den Forscherinnen und Forschern die Übertragung der Verfahren auf den Menschen zum Greifen nah. Und so wurden erste Zukunftsvisionen entworfen und ethisch bedenkliche Fragen und Möglichkeiten formuliert. So schrieb das *The New England Journal of Medicine* schon 1937, dass die neuen Erkenntnisse dazu führen, dass man in die Zukunft gerichtet denken könnte. Es würden sich nun Fragen stellen, ob man Spermien bald danach trennen könnte, ob ihr Geschlechtschromosom ein X oder ein Y trägt und man damit schließlich einen Jungen oder ein Mädchen zeugen möchte. Fast schon ein wenig zu unbedacht wurden Zukunftsvisionen entworfen und theoretische Möglichkeiten verherrlicht.

Was man damals noch nicht wusste: Zwar war die künstliche Befruchtung beim Tier gelungen, doch die Übertragung der Verfahren auf den Menschen war weitaus schwieriger als gedacht. Es vergingen noch Jahrzehnte, bis derselbe Erfolg, Nachwuchs per künstlicher Befruchtung zu zeugen, auch beim Menschen gelang.

Die Forscherinnen und Forscher fanden heraus, dass der gesamte Prozess beim Menschen deutlich anfälliger und empfindlicher war als bei den Kaninchen. Die komplexen Vorgänge, die Wirkungsweisen von Gewebe, Hormonen und Organen sind bis heute zum Teil noch nicht ergründet. Herauszufinden, in welcher Umgebung bzw. welchem Kulturmedium unter welchen äußeren Bedingungen der menschliche Samen in die Eizelle eindringt, glich einer Aneinanderreihung willkürlicher Versuche, bei denen die Experten zum Teil im Dunkeln tappten.

Pincus, der sein Labor in Harvard hatte, arbeitete mit der nahe gelegenen Frauenklinik »Free Hospital« in Boston und dort im Speziellen mit dem Arzt John Rock zusammen. Die Klinik, die vor allem über Spenden finanziert wurde und finanziell schlecht situierte Frauen kostenlos behandelte, stellte Pincus das Gewebe entnommener Gebärmütter und Eierstöcke, die ohnehin aus medizinischen Gründen entfernt werden mussten, für seine Versuche zur Verfügung. Die Zusammenarbeit zwischen der Frauenklinik und dem Labor von Pincus wurde in den folgenden Jahren von den Beteiligten auch »Eierjagd« genannt. Nicht nur die Wahl dieses Begriffs, sondern auch das Vorgehen der beiden Mediziner werfen die Frage auf, inwiefern es sich hier nicht um Menschenversuche gehandelt hat. Rock versuchte, mithilfe des regelmäßigen Messens der Körpertemperatur bei den Frauen, die auf die Entnahme ihrer Reproduktionsorgane warteten, den Zeitpunkt des Eisprungs möglichst genau zu bestimmen. Der Operationstermin wurde dann entsprechend geplant und fand kurz nach dem Eisprung statt. Kurz vor der Operation sollten die Frauen mit ihren Partnern nochmals Geschlechtsverkehr haben. Pincus suchte dann in dem entnommenen Gewebe nach befruchteten Eizellen. Dabei ging es vor allem darum, erstmals Eizellen, die erst seit wenigen Tagen befruchtet waren, außerhalb des Körpers beobachten und analysieren zu können. 1938 gelang dies zum ersten Mal, und der so gefundene Embryo ging als sogenanntes »Harvard Egg« in die Geschichte ein. Bis in die 1950er-Jahre hinein klappte dies noch 33 weitere Male.

Darüber hinaus entnahmen Pincus und seine Laborassistentin Miriam Menkin dem Gewebe auch unbefruchtete Eizellen für den Versuch, diese außerhalb des Körpers zur Befruchtung zu bringen. Hierfür wurde das Restgewebe aus Operationen untersucht, das Frauen in der Frauenklinik am Tage des Eisprungs herausoperiert worden war. Die Eizellen wurden von Menkin ausgespült und 24 Stunden in einem Blutserum kultiviert. Zwischen 1938 und 1944 gewann man rund 800 Eizellen aus den Operationen. Lediglich 138 der Eizellen überstanden den Vorgang des Auswaschens und Kultivierens. Pincus rekrutierte dann auch Samenspender. Obwohl Menkin in diesen Jahren die Versuchsanordnung bezüglich des verwendeten Kulturmediums, der Beschaffenheit der Samenproben und der Zeitdauer des Vermengens von Eizellen und Samen immer wieder variierte, blieben die Versuche über Jahre erfolglos. Im Februar 1944 schließlich bei der 139. Eizelle gelang zum ersten Mal die Befruchtung außerhalb des Körpers.

Interessanterweise war es am Ende ein Missgeschick Menkins, das dazu geführt hatte, dass die Befruchtung funktionierte. Sie selbst war erst seit Kurzem Mutter und berichtete später, dass sie zu dem Zeitpunkt unter deutlichen Erschöpfungserscheinungen litt, weil ihre gerade acht Monate alte Tochter zahnte. Da sie stark übermüdet zur Arbeit erschien, unterliefen ihr einige vermeintliche Fehler. Bei diesem Versuch mit der 139. Eizelle wusch sie zum einen die Samenprobe aus Versehen nur einmal aus, statt wie sonst üblich mehrere Male. Zudem verwendete sie eine weit geringere Menge an Nährmedium für die Verdünnung. Nachdem sie Eizelle und Samen vermengt hatte, schlief sie dann auch noch vor Erschöpfung ein, sodass diese nicht wie sonst 15 bis 30 Minuten im Nährmedium verbrachten, sondern über eine Stunde. Ausgerechnet unter diesen Bedingungen geschah es dann: Zum ersten Mal wurde eine Eizelle außerhalb des weiblichen Körpers befruchtet und die Zellteilung fand statt. Dies gelang Menkin kurz darauf noch einige Male. Sie verließ jedoch Boston, weil ihr Mann aus beruflichen Gründen umziehen musste. Ihr Nachfolger konnte keine weiteren Eizellen zur Befruchtung bringen, und in den darauffolgenden Jahren kam die weitere Erforschung der künstlichen Befruchtung beim Menschen nahezu zum Erliegen.

Der englische Gynäkologe Patrick Steptoe und sein Forscherkollege Robert Edwards untersuchten dann von 1960 bis 1978 weiter die notwendigen Rahmenbedingungen für den Befruchtungsvorgang bis hin zum Einbringen der befruchteten Eizelle in die Gebärmutter der Frau. Kaninchen wurden wiederum als Versuchsmaterial verwendet. Deren Bauchhöhle benutzte Edwards, um die menschlichen Eizellen vom Krankenhaus ins Labor zu transportieren. Doch es blieb nicht dabei, dass nur Kaninchen für die Versuche herhalten mussten, auch Frauen wurden als Versuchsobjekte benutzt. Da die Samenfäden offenbar viel eher innerhalb der weiblichen Sekrete in die Eizellen eindringen als in einem Kulturmedium, kam Edwards auf die Idee, winzige Täschchen mit seinem eigenen Samen zu füllen. Das Material der Täschchen war für die Flüssigkeiten im Gebärmutterhals durchlässig, jedoch nicht für den Samen. Er implantierte diese Täschchen über Nacht im Gebärmutterhals einiger Patientinnen und entnahm sie später wieder in der Hoffnung, der Samen wäre nun befruchtungsfähiger. Die Versuche schlugen fehl und überschritten auch die Grenze hin zum Menschenversuch.

Ende der 1960er-Jahre wurde endlich die richtige Zusammensetzung des Nährmediums herausgefunden, welches dazu führte, dass immer öfter beobachtet werden konnte, wie es zur Befruchtung der Eizellen kam. Ab diesem Moment entbrannte eine Art Wettstreit zwischen Biologen und Medizinern aus den USA, Australien und England. Jeder wollte als Erster ein Baby per künstlicher Befruchtung zeugen und somit in die Geschichte eingehen. In der Öffentlichkeit wurde immer öfter über die Möglichkeiten der Reproduktionsmedizin diskutiert und es zeigten sich zwei Standpunkte, die auch heute noch zu finden sind: Die einen feiern den medizinischen Fortschritt und entwerfen begeistert Zukunftsszenarien. Die anderen argumentieren häufig aus einer religiösen Perspektive und führen an, dass der Mensch sich nicht in diese Abläufe einmischen dürfe.

Mit über 100 Frauen wurde der Versuch durchlaufen, eine befruchtete Eizelle in ihre Gebärmutter einzubringen, in der Hoffnung, dass sie sich einnistete und aus einer Schwangerschaft ein Baby hervorging. Hierzu gehörten auch die Hormonstimulation, der Bauchschnitt und ein mehrwöchiger Krankenhausaufenthalt. Laut Medizinern dienten die vielen Versuche dem Ziel, eine Schwangerschaft hervorzurufen.

Doch da die Erfolgschancen äußerst gering waren, können diese Eingriffe auch als unlautere Menschenversuche angesehen werden. Da es keinerlei Hinweise auf eine Unbedenklichkeit der Verfahren gab und die Sorge im Raum stand, so gezeugte Kinder könnten missgebildet sein, forderten viele Kritiker, die Versuche zunächst an Primaten durchzuführen. Bis dato gab es lediglich Tierversuche an niederrangigeren Tieren. Doch Steptoe und Edwards schlugen diese Bedenken in den Wind, um den Wettstreit um das erste Retortenbaby zu gewinnen. Sie wendeten ihre reproduktionsmedizinischen Methoden bei Frauen an, ohne dass ihr reibungsloses und komplikationsfreies Funktionieren in Tierstudien nachgewiesen worden wäre.

1975 verzeichneten sie die erste auf diesem Wege herbeigeführte Schwangerschaft. Doch der Embryo hatte sich im Eileiter statt in der Gebärmutter eingenistet und musste wieder operativ entfernt werden.

1977 dann wurde die Engländerin Leslie Brown schwanger und gebar 1978 ein gesundes Mädchen im britischen Oldham. Bei der Mutter war von einem Gynäkologen ein Eileiterverschluss festgestellt worden. Neun Jahre hatten die Eltern vergeblich auf natürlichem Wege versucht, ein Kind zu bekommen. Ohne die künstliche Befruchtung hätte Leslie Brown also tatsächlich nicht schwanger werden können. Brown wurde nur eine einzige Eizelle eingesetzt. Die Wahrscheinlichkeit, dass daraus eine Schwangerschaft hervorgeht, war also auch bei ihr nicht besonders hoch. Zum damaligen Zeitpunkt war das Verfahren noch nicht besonders weit entwickelt. Bei drei weiteren Frauen stellte sich zur selben Zeit zwar eine Schwangerschaft ein, doch zwei davon erlitten eine Fehlgeburt und bei einem dritten Fötus wurde ein Down-Syndrom festgestellt und er wurde daraufhin abgetrieben.

1979 wurde schließlich das zweite Baby – wieder in Oldham – geboren, das aus einer künstlichen Befruchtung hervorging. Einem weiteren Ärzteteam gelang dasselbe dann 1980 in Melbourne. In den folgenden Jahren schritt die Entwicklung zügig voran. 1983 lebten bereits mehr als hundert Kinder auf der Welt, die in einer Petrischale gezeugt worden waren. Mitte der 1980er-Jahre hatten sich in den USA bereits Dutzende von Kliniken auf die künstliche Befruchtung spezialisiert.

Edwards erhielt schließlich 2010 den Medizinnobelpreis für seine Errungenschaften auf dem Gebiet der Reproduktionsmedizin.

Die Fortpflanzungsmedizin steckt inzwischen längst nicht mehr in den Kinderschuhen. Schwangerschaften, an deren Beginn eine künstliche Befruchtung steht, stellen schon länger keine exotischen Einzelfälle mehr dar. Zwischen 2001 und 2013 wurden in Deutschland durchschnittlich pro Jahr fast 13 000 Kinder mithilfe der Reproduktionsmedizin geboren.[1] Dabei schwankten die Zahlen zuletzt aufgrund der Änderung der Kostenübernahme durch die Krankenkassen, denn 2004 trat das Gesundheitsmodernisierungsgesetz in Kraft. Die Finanzierung wurde damit fortan zum größten Teil auf die Patienten übertragen. In der Zeit vor dem Gesetz verzeichnete das Deutsche IVF-Register jährlich über 100 000 Behandlungszyklen und rund 17 000 Geburten. Nach 2004 reduzierte sich die Anzahl vorübergehend auf die Hälfte. In den letzten Jahren haben sich die Werte aber wieder erholt und erhöhten sich wieder. Heute finden jährlich rund 80 000 Behandlungszyklen und über 10 000 Geburten statt.[2]

In Deutschland werden Frauen derzeit in rund 130 Reproduktionszentren behandelt. Die Betreiber von Samenbanken geben an, dass sich die Zahl der Kinder, die durch die Samenspende eines Dritten (und nicht durch die des Partners der Mutter) in Deutschland gezeugt wurden, auf über 100 000 beläuft. Diese Angabe kann jedoch durch kein Verzeichnis überprüft werden – anders als dies beim IVF-Register der Fall ist, das seit 1982 geführt wird.

Seit den 1980er-Jahren erhält die Fortpflanzungsmedizin immer stärkeren Zulauf. Die Reproduktionsmedizin kann als eine der größten Wachstumsbranchen der deutschen Gesundheitsindustrie bezeichnet werden. Darüber hinaus hat aber auch der »Reproduktionstourismus« zugenommen, denn inzwischen fahren auch viele deutsche Paare und Frauen für die Befruchtung ins Ausland.

Methoden der künstlichen Befruchtung

Weltweit gibt es bereits über 5 Millionen Menschen, die bei einer In-vitro-Fertilisation gezeugt wurden. Dies ist jedoch nur eine der drei bedeutsamsten Methoden, zwischen denen unterschieden werden muss und die im Folgenden genauer vorgestellt werden. Die Heiminsemination wird hier nicht vorgestellt oder als Methode erachtet. Dabei verabreichen sich Frauen zu Hause selbst die Samenprobe. Im Folgenden beschrieben werden diejenigen Methoden, die unter medizinischem Zuwirken stattfinden.

Da wäre zum einen die Intrauterine Insemination (IUI), welche die einfachste, schnellste und günstigste Methode ist. Besonders häufig durchgeführt wird die In-vitro-Fertilisation (IVF), bei welcher der Befruchtungsvorgang – anders als bei der Intrauterinen Insemination – außerhalb des Körpers der Frau stattfindet. Hier wird also von medizinischer Seite nicht nur bei einer Befruchtung geholfen, sondern diese kann auch beobachtet und kontrolliert werden. Bei der kostenintensivsten und aufwendigsten Methode, der Intrazytoplasmatischen Spermieninjektion (ICSI), findet der Befruchtungsvorgang ebenfalls außerhalb des Körpers statt. Er kann vom medizinischen Personal jedoch nicht nur beobachtet und kontrolliert werden, sondern wird auch gezwungenermaßen herbeigeführt. Hier wird letztlich nichts mehr dem Zufall überlassen.

Die Intrauterine Insemination (IUI)

Bei der Intrauterinen Insemination wird das Sperma direkt von einem Arzt oder einer Ärztin in die Gebärmutter eingebracht. Im Gegensatz zur Heiminsemination, bei der sich die Frau den Spendersamen zum Zeitpunkt des Eisprungs zu Hause selbst mithilfe einer Spritze einführt, sind die Erfolgschancen etwas höher. Dies liegt daran, dass die Spermien den beschwerlichen Weg durch den Gebärmutterhals nicht selbst bewältigen müssen. Sie werden direkt an den Ort des Geschehens gebracht, ohne dass sie unterwegs hängen bleiben könnten.

Das Sperma wird vor der IUI speziell im Labor aufbereitet. Vorher erfolgt manchmal eine hormonelle Stimulation mit Medikamenten, wenn es besondere Schwierigkeiten gibt, zum Beispiel einen unregelmäßigen Zyklus oder wenn die Frau schon etwas älter ist und der Eisprung nicht mehr zuverlässig stattfindet. Dies geschieht entweder in Form von Tabletten oder in Form von Hormonspritzen.

Für den Fall, dass diese Methode nicht infrage kommt – beispielsweise wenn die Frau keine durchgängigen Eileiter hat oder eine Erfolg versprechendere Maßnahme ergreifen möchte –, gibt es noch die Möglichkeit der Befruchtung im Labor.

Die Kosten sind von Praxis zu Praxis unterschiedlich. Allein die Spermaprobe kostet je nach Samenbank (und abhängig davon, ob es sich um einen anonymen oder offenen Spender handelt) zwischen 240 und 380 Euro.[3] Hinzu kommen Versandkosten und Steuern. Darüber hinaus fällt oft eine erste Aufnahmegebühr an, die zwischen 1500 und 2000 Euro liegen kann. Für die Insemination selbst fallen dann nochmals 200 bis 400 Euro an.[4]

Die In-vitro-Fertilisation (IVF)

Bei der konventionellen In-vitro-Fertilisation werden bei der Frau reife Eizellen operativ entnommen. Durch eine hormonelle Vorbehandlung wird der natürliche Eisprung meist durch die Gabe von Hormonen unterdrückt und ein besseres Timing erzielt. Zudem reifen durch die hormonelle Stimulation mehrere Eizellen gleichzeitig heran. Diese Eizellen werden im Rahmen einer Punktion durch die Scheide der Frau entnommen. Anschließend werden sie außerhalb des weiblichen Körpers in einer Petrischale mit dem Spendersamen vermengt. Nach etwa 18 Stunden Aufbewahrung in einem Kulturmedium wird kontrolliert, ob eine Befruchtung stattgefunden hat. Wenn die Befruchtung stattgefunden hat, können bis zu drei Eizellen wieder in die Gebärmutter der Frau eingesetzt werden.

Die Erfolgschancen werden oft mit ungefähr 25 Prozent angegeben. Da jedoch einige Schwangerschaften (wie bei einer ganz normalen Befruchtung auch) bereits in den ersten Wochen wieder durch eine Fehlgeburt enden, liegt die Wahrscheinlichkeit für die Geburt eines Kindes bei ungefähr 20

Prozent. Für gewöhnlich werden innerhalb der ersten sechs Behandlungszyklen 80 Prozent aller Frauen schwanger. Auch wenn der medizinische Fortschritt hier eine Möglichkeit gefunden hat, Frauen mit Kinderwunsch zur Schwangerschaft zu verhelfen, muss auch beachtet werden, dass es keine Garantie für ein Baby gibt. Es ist die Regel, dass mehrere Behandlungszyklen durchlaufen werden müssen. Selbst nach sechs Behandlungszyklen liegt die Wahrscheinlichkeit für eine Schwangerschaft bei 80 Prozent, was immer noch heißt, dass jede fünfte Frau auch nach vielen aufwendigen Behandlungen nicht schwanger wird. Zudem ist eine Schwangerschaft eben auch noch keine Garantie für ein Kind.

Die Erfolgsquoten der In-vitro-Fertilisation hängen – wie bei den anderen Methoden auch – stark vom Alter der Frau ab. Während bei 25-jährigen Frauen die Wahrscheinlichkeit einer eintretenden Schwangerschaft noch bei 50 Prozent liegt, sinkt diese mit zunehmendem Alter stetig und liegt bei Frauen über 40 Jahren nur noch bei unter 20 Prozent.[5] Zunächst versuchen die meisten Frauen natürlich, ihren Kinderwunsch auf dem herkömmlichen Weg zu erfüllen. Sie suchen nach einem Partner und versuchen, ohne medizinische Hilfen schwanger zu werden. Erst wenn alle anderen Möglichkeiten ausgeschöpft sind, wenden sie sich an die Reproduktionsmedizin. Da es vor allem Frauen über 35 sind, die sich künstlich befruchten lassen wollen, liegt die durchschnittliche Erfolgsquote auch nur bei 25 Prozent.

Die Kosten einer IVF belaufen sich auf rund 3000 Euro. Hinzu kommen die Medikamentenkosten bei einer hormonellen Stimulation und die sogenannten Nebenkosten (Fahrtkosten zur Klinik, Übernachtungskosten, Arbeitsausfall etc). Da es bei den allermeisten Frauen nicht gleich beim ersten Versuch klappt, fallen diese Kosten mehrfach an.

Die Intrazytoplasmatische Spermieninjektion (ICSI)

Die ICSI (gesprochen: Ixi) ist die einzige »echte« künstliche Befruchtung, weil bei ihr Samen und Eizelle nicht nur in die Nähe voneinander gebracht und dann sich selbst überlassen, sondern tatsächlich zur Verschmelzung gebracht werden. Sie ist daher auch die effizienteste Methode, da sie insbesondere bei einer schlechten Spermienqualität eine wesentlich höhere Erfolgsaussicht bietet als die IVF.

Wie bei der IVF auch, erfolgt zunächst eine hormonelle Stimulation der Frau über die Gabe von Medikamenten. Es reifen nun mehrere Eizellen heran, der Zeitpunkt wird von den Ärzten »programmiert«. Unter Vollnarkose werden die Eizellen dann abgesaugt und zur Aufbewahrung in ein Nährmedium gegeben.[6] Durch die Einführung einer Vaginalsonde muss heutzutage immerhin kein Eingriff mehr über die Bauchdecke zur Entnahme der Eizellen erfolgen, was eine große Erleichterung für die Patientinnen mit sich bringt.

Unter einem Mikroskop können die Ärztinnen und Ärzte erkennen, wie viele der entnommenen Eizellen tatsächlich für die Befruchtung reif sind. Ist eine Eizelle reif, wird ein Samenfaden mit einer Injektionspipette in die Eizelle eingebracht. Ungefähr zwei bis fünf Tage später muss die Frau wieder in das Reproduktionszentrum fahren. Dann werden ihr von den so entstandenen Embryonen einer oder mehrere in die Gebärmutterhöhle gespritzt. Es muss jetzt nur noch gewartet werden, ob sich die Embryonen dort auch einnisten.

Für die Frau kann es belastend sein, dass sie bei jedem Transfer von Embryonen darüber entscheiden muss, wie viele Embryonen sie sich einsetzen lassen möchte. Da es in Deutschland nicht erlaubt ist, die »überschüssigen« Embryonen aufzubewahren, werden diese entsorgt. Hier gilt es, sorgfältig abzuwägen. Je mehr Embryonen man sich einsetzen lässt, umso höher ist die Wahrscheinlichkeit, dass sich einer der Embryos auch einnistet und es zu einer Schwangerschaft kommt. Jedoch birgt dies auch die Gefahr, dass man mit zwei oder mehr Embryos gleichzeitig schwanger wird und am Ende nicht nur ein Kind bekommt. Zwillinge oder Drillinge sind nicht nur deutlich kostenintensiver, sondern benötigen auch wesentlich mehr Aufmerksamkeit und Zuwendung als nur ein Kind. Insbesondere für Singlefrauen, die sich befruchten lassen wollen, stellt sich also die Frage, ob sie damit umgehen könnten und ob sie dieses Risiko eingehen wollen.

Die Erfolgswahrscheinlichkeit liegt bei der ICSI genauso wie bei der IVF bei ungefähr 25 Prozent. Man muss jedoch beachten, dass die meisten Frauen und Paare, die sich für die ICSI entscheiden, dies tun, weil ihre persönliche Erfolgsquote bei der IVF deutlich unter dem Durchschnitt liegen würde.

Die Kosten der ICSI sind noch etwas höher als bei der IVF und liegen ungefähr bei 4000 bis 5000 Euro je Eingriff. Manche Praxen verlangen von alleinstehenden Frauen aufgrund der juristischen Unsicherheit sogar höhere Preise als von Paaren.

Sowohl die IVF als auch die ICSI können ausschließlich in reproduktionsmedizinischen Zentren durchgeführt werden. Die IUI hingegen ist auch in einer normalen gynäkologischen Praxis möglich.

Die Samenspender

Singlefrauen benötigen für eine Befruchtung Spender-Samen. Viele der Frauen sind daran interessiert zu erfahren, wer die Samenspender sind, was sie zur Samenspende bewegt und wie das gespendete Sperma untersucht wird.

Hier einige Antworten: Ärztinnen, Ärzte und Reproduktionskliniken arbeiten mit Samenbanken zusammen. Die Samenbanken liefern in der Regel nicht an Privatpersonen. Nicht jeder junge Mann, der Samen spenden möchte, kommt für eine Samenspende auch infrage. Nur einer von zehn Männern bringt die richtigen Voraussetzungen mit.[7] Denn Männer, die Samenspender werden wollen, müssen einige Bedingungen erfüllen. Zum einen wird ihre Samenqualität untersucht und muss sich als überdurchschnittlich erweisen. Schließlich muss der gespendete Samen noch einige Stationen durchlaufen. Zunächst wird er tiefgefroren. So kann die Übertragung von Infektionskrankheiten vermieden werden. Nach dem Auftauen muss der Samen weiterhin sehr beweglich sein, damit er zur Befruchtung fähig ist. Selbstverständlich wird auch der Gesundheitszustand des Spenders untersucht.

Dabei wird sowohl sein allgemeiner gesundheitlicher Zustand erfasst als auch seine Familiengeschichte bezüglich der Frage nach Erbkrankheiten untersucht. Die Spender müssen zwischen 18 und 40 Jahre alt sein, sie dürfen keine Infektionskrankheiten (wie HIV, Hepatitis, Chlamydien etc.) haben und auch zu keiner Risikogruppe für Krankheiten gehören, die sexuell oder auf dem Blutweg übertragen werden. Es lassen sich durch diese Vorauswahl der Samenspender einige Krankheiten ausschließen, aber natürlich nicht alle.

Während in Amerika die Samenspender oft auch nach Hochschulabschluss und Körpermaßen ausgewählt werden, sind in Deutschland eher durchschnittliche Samenspender gefragt. Die meisten Spender hierzulande sind – so weiß man seit einer Studie, die 2006 in Deutschland durchgeführt wurde – zwischen 20 und 35 Jahre alt und haben die deutsche Staatsangehörigkeit.[8] Die überwiegende Zahl hat Abitur und wünscht sich später selber Kinder. Viele spenden daher nicht ausschließlich aus finanziellen Gründen, sondern auch, weil sie Paaren und Frauen dabei helfen möchten, ihren Kinderwunsch zu verwirklichen.

Die Nebenwirkungen

Bei den Nebenwirkungen der Befruchtungsbehandlungen muss unterschieden werden zwischen den psychischen und körperlichen Nebenwirkungen, die die behandelten Frauen haben können. Hinzu kommt die Frage nach den Risiken für das (ungeborene) Kind. Je nach Behandlungsart – ob einfache Insemination oder IVF/ICSI gewählt werden – kommt es zu einer mehr oder weniger starken emotionalen Belastung der Frauen. Es muss viel Kraft und Energie aufgewendet werden, um immer wieder die Behandlungen auf sich zu nehmen. Die Wartezeit zwischen der Insemination bzw. dem Transfer und dem Ergebnis des Schwangerschaftstests wird als sehr anstrengend erlebt. Zudem müssen sich die meisten Frauen mehreren Behandlungen unterziehen, sodass sie auch einige fehlgeschlagene Behandlungen erleben, die dann mit Trauer und Enttäuschung einhergehen. Insbesondere wenn schon mehrere Behandlungen fehlgeschlagen sind, müssen sie sich zudem mit den Fragen beschäftigen, wann sie endgültig mit den Befruchtungsversuchen aufhören sollen und wie sie damit umgehen wollen, wenn ihr Kinderwunsch endgültig nicht erfüllt wird. Für manche Frauen ist es auch befremdlich, den Samen eines ihnen unbekannten Mannes in sich zu tragen und später mit einem Kind schwanger zu sein, das einen fremden Mann als Vater hat. Die psychischen Belastungen können zu verschiedenen Zeitpunkten auftreten, sie können die Frauen auch völlig unerwartet überrollen. Daher ist es wichtig, sich im Vorfeld darüber Gedanken zu machen, wie man mit diesem emotionalen Stress umgehen möchte.

Doch die Befruchtungsbehandlungen haben nicht nur Auswirkungen auf die Psyche der Patientinnen. Insbesondere die Verabreichung von Hormonen kann auch zu körperlichen Symptomen bei den Frauen führen. So gibt es Frauen, die beispielsweise über Kopfschmerzen, Schwindelgefühle, Zysten oder Müdigkeit klagen. Die Nebenwirkungen der Kinderwunschbehandlung werden von den behandelnden Medizinern oft verharmlost, von den Kritikern dagegen oft übertrieben. Fest steht jedoch, dass die IVF-Therapie für die Patientinnen belastend ist, sowohl körperlich als auch psychisch, wobei die psychische Belastung oft als schwerwiegender empfunden wird.[9]

Auch ist bei der IVF und bei der ICSI das Risiko einer Mehrlingsschwangerschaft erhöht. Diese Schwangerschaften gehen wiederum mit größeren körperlichen Belastungen für die Mütter einher und bringen ein erhöhtes Frühgeburtsrisiko mit sich. Zu frühe Geburten wiederum ziehen möglicherweise Folgeschäden nach sich. In Deutschland dürfen maximal drei Eizellen gleichzeitig transferiert werden. Doch jeder Embryo könnte sich theoretisch noch einmal teilen und somit könnten auch Sechslinge entstehen. Die mit Mehrlingen einhergehenden Belastungen werden von den behandelten Frauen jedoch häufig als geringer eingeschätzt als ihr Kinderwunsch. So wurden in einer US-amerikanischen Studie Frauen befragt, ob sie lieber kinderlos bleiben oder Drillinge bekommen würden. 95 Prozent der Frauen entschieden sich für die Drillinge.[10] – Es muss hier insbesondere auch von ärztlicher Seite in den Blick genommen werden, wann eine Frau vielleicht ihre eigenen Bedürfnisse und die medizinischen Risiken aus dem Blick verliert und sich geradezu blind in der Kultur der Machbarkeit zu immer neuen Befruchtungsversuchen hinreißen lässt.

Immer wieder wurde auch die Frage gestellt, ob es Einfluss auf die Gesundheit der Kinder – auch noch im späteren Lebensverlauf – hat, wenn sie künstlich gezeugt wurden. Von den meisten bisherigen Untersuchungen geht diesbezüglich ein Signal der Entwarnung aus: »Die eklatanteste Auffälligkeit von IVF-Kindern und IVF-Paaren bestehe in ihrer Unauffälligkeit«.[11]

Lediglich wenige, sehr sehr seltene Behinderungen könnten nach einer künstlichen Befruchtung eventuell häufiger auftreten, geht aus einigen Studien hervor.[12]

Was dürfen wir rechtlich?

Für Singlefrauen, die sich künstlich befruchten lassen möchten, ist es wichtig, die rechtliche Lage bezüglich der assistierten Reproduktion ein wenig zu kennen. Insbesondere, weil sie nicht überall in Deutschland mit einer medizinischen Behandlung rechnen können. Aber auch unabhängig von der Frage, wo sich Frauen behandeln lassen können und wo Ärzte behandeln dürfen, stellen sich weitere rechtliche Fragen rund um den Befruchtungsprozess. Welche gesetzlichen Regelungen gibt es zu dem Spendersamen? Welche Rechte hat der Spender später? Und welche Rechte haben die Kinder? Gibt es aus rechtlicher Sicht Unterschiede zu einer herkömmlichen Zeugung?

Künstliche Befruchtung von Alleinstehenden in Deutschland

In Deutschland gestaltet sich die rechtliche Lage für alleinstehende Frauen, die sich künstlich befruchten lassen wollen, deutlich schwieriger als in vielen anderen Ländern. Unmöglich ist sie deshalb aber nicht. Jedoch fehlen in Deutschland klare Richtlinien vom Gesetzgeber, sodass Ärztinnen und Ärzte sehr zurückhaltend agieren und viele Reproduktionszentren keine

Singlefrauen behandeln. Die Musterrichtlinie der Bundesärztekammer aus dem Jahr 2006 schließt die Behandlung von Singlefrauen aus. So heißt es dort in Absatz 3.1.1 (Statusrechtliche Voraussetzungen):

»Methoden der assistierten Reproduktion sollen unter Beachtung des Kindeswohls grundsätzlich nur bei Ehepaaren angewandt werden. [...] Methoden der assistierten Reproduktion können auch bei einer nicht verheirateten Frau angewandt werden. Dies gilt nur, wenn die behandelnde Ärztin/der behandelnde Arzt zu der Einschätzung gelangt ist, dass

- die Frau mit einem nicht verheirateten Mann in einer fest gefügten Partnerschaft zusammenlebt und
- dieser Mann die Vaterschaft an dem so gezeugten Kind anerkennen wird.

Dabei darf grundsätzlich nur der Samen des Partners verwandt werden.«[1]

Samenzellen eines Dritten dürfen lediglich verwendet werden, wenn eine medizinische Begründung vorliegt.[2] Ansonsten muss auf den Samen des Partners zurückgegriffen werden. Das ist natürlich für Singlefrauen von vornherein nicht möglich. Sie werden von der Bundesärztekammer also explizit von der Reproduktionsmedizin-Behandlung ausgeschlossen. Das bedeutet jedoch noch nicht, dass in Deutschland die künstliche Befruchtung für Singlefrauen verboten wäre.

Die Richtlinien der Bundesärztekammer sind für deutsche Ärztinnen und Ärzte nicht rechtsverbindlich, dennoch sehen sich viele von ihnen aufgrund ihres Berufsethos daran gebunden. Und viele der Regelungen der Bundesärztekammer werden von den Landesärztekammern übernommen. Und deren

Richtlinien sind wiederum tatsächlich rechtsverbindlich. Bis auf die Bundesländer Berlin und Bayern haben alle Bundesländer die Passage der Bundesärztekammer übernommen. Daher müssen in 14 der 16 deutschen Bundesländer Ärztinnen und Ärzte tatsächlich mit rechtlichen Konsequenzen wie beispielsweise dem Entzug ihrer Berufszulassung rechnen, wenn sie alleinstehende Frauen künstlich befruchten.

In den Richtlinien der Landesärztekammern von Berlin und Bayern ist überhaupt kein Passus zur assistierten Reproduktion enthalten, sodass in diesen beiden Bundesländern tatsächlich einige Reproduktionszentren auch Singlefrauen behandeln.

Doch auch in diesen Bundesländern bestehen rechtliche Risiken für die Ärztinnen und Ärzte. Laut dem Sozialgesetzbuch ist nämlich derjenige unterhaltspflichtig für ein Kind, der die Schwangerschaft verursacht hat. Findet also eine künstliche Befruchtung mit einem anonymen Spender statt, wäre dies der behandelnde Arzt bzw. die behandelnde Ärztin. Aufgrund dieser Rechtslage gibt es sogar Samenbanken, die explizit keinen Samen zur Befruchtung von Singlefrauen liefern. Selbst wenn ein reproduktionsmedizinisches Zentrum also in Bayern oder Berlin liegt und den Ärzten somit keine rechtliche Konsequenz, wie ein Entzug ihrer Zulassung, drohen würde, wenn sie eine alleinstehende Frau behandeln, müssen sie sich mit der Frage auseinandersetzen, wie sie sich vor Unterhaltsforderungen schützen wollen. Eine Erfolg versprechende rechtliche Möglichkeit, sich vor diesen Ansprüchen zu schützen, haben sie derzeit aber nicht.

Es gibt in Deutschland zurzeit rund ein Dutzend Ärzte, die trotz dieser Risiken Alleinstehende behandeln. Einige dieser Ärzte versuchen sich zusätzlich abzusichern, indem sie spezielle Vorgaben machen, wie beispielsweise, dass der Abschluss einer Risikolebensversicherung für das Kind verlangt wird oder ein notariell beglaubigter Vertrag unterschrieben werden muss, der den Arzt von Unterhaltsforderungen freispricht. Würde ein Kind bzw. dessen Mutter später jedoch Unterhalt einfordern, so muss stark davon ausgegangen werden, dass ein solcher Vertrag als gegenstandslos oder auch sittenwidrig angesehen würde. Einen Vertrag abzuschließen, der jemanden von geltendem Recht ausnimmt, hat also eher symbolisches als rechtskräftiges Potenzial.

In jedem Fall gelten für Frauen nach einer künstlichen Befruchtung dieselben Arbeitnehmerrechte und Mutterschutzrechte wie für jede andere Schwangere und Mutter.

Spenderrechte versus Kinderrechte

Im Januar 2015 hat der Deutsche Bundesgerichtshof entschieden, dass ein mithilfe einer Samenspende gezeugtes Kind das Recht hat, von der Reproduktionsklinik die Identität des anonymen Samenspenders zu erfahren. Eine Garantie für Anonymität gibt es also für Samenspender nicht mehr. Vor Gericht wird heutzutage dem Recht des Kindes auf Kenntnis der eigenen Abstammung mehr Bedeutung eingeräumt als dem Recht des Spenders auf Anonymität.

Dass das Kind ein Recht auf die Kenntnis über seine Abstammung hat, wurde bereits mehrfach richterlich anerkannt. Dabei wurde auch betont, dass es zum Selbstbestimmungsrecht eines jeden Menschen gehört, Kenntnisse über seine Abstammung zu erhalten. Dies wird als Bestandteil der Persönlichkeitsrechte und der Menschenwürde angesehen, weil es um die Möglichkeit geht, seine eigene Identität zu erfahren, zu verstehen und zu entfalten.

Früher mussten die Daten der Spender von den Samenbanken zehn Jahre lang aufbewahrt werden. Dieser Zeitraum wurde inzwischen auf 30 Jahre ausgedehnt. Dadurch ist das Szenario zunehmend realistischer, dass erwachsene Spenderkinder die Herausgabe der Spenderdaten einfordern und diese auch tatsächlich noch erhalten können. Bei einer Aufbewahrungsfrist von nur zehn Jahren war dies häufig schlicht nicht möglich. Welches Kind würde schon mit acht oder neun Jahren die Herausgabe der Spenderdaten einfordern?

In anderer Hinsicht sind jedoch auch die Rechte der Spender gestärkt worden. Eine unverheiratete Frau hat in der Regel das alleinige Sorgerecht für ein per Samenspende gezeugtes Kind. Sollte jedoch der Spender damit nicht einverstanden sein, hat er seit 2013 die Möglichkeit, sich um das Sorgerecht zu bemühen. Diese Option geht auf eine Entscheidung des Europäischen Gerichtshofs für Menschenrechte als Initiative zur Stärkung der Rechte von Vätern zurück. Für eine Mutter ist wichtig zu wissen, dass sie sich auf eine solche Situation einstellen muss und schon sehr gute Gründe anführen müsste, weshalb der Spender das Sorgerecht nicht erhalten darf.

Als bekannter Spender ist er aber dann der Mutter und dem Kind gegenüber unterhaltspflichtig. Zwar gibt es Frauen, die mit dem Spender eine Art Vertrag aufsetzen, der die Unterhaltspflicht ausschließt, dieser kann jedoch problemlos juristisch angefochten werden und hat damit ausschließlich symbolischen Gehalt und keinerlei rechtliche Wirksamkeit.

Ein Anspruch des Kindes auf Unterhaltsvorschuss besteht nach dem Unterhaltsvorschussgesetz in der Regel nicht, da die Mutter von Beginn an in Kauf nimmt, dass es keinen Vater geben wird, der zum Unterhalt des Kindes beiträgt.

Letztlich ist das aber eine nicht nachvollziehbare Ungleichbehandlung von Samenspende und One-Night-Stand. Denn wenn ein Kind bei einem One-Night-Stand gezeugt wird und der Vater unbekannt ist oder als unbekannt angegeben wird, erhält das Kind für gewöhnlich sehr wohl einen Unterhaltsvorschuss.

Das Kind ist später dem Samenspender gegenüber übrigens ebenso unterhaltspflichtig – aber nur, wenn dieser bekannt ist. Dann ist das Kind auch erbberechtigt.

Gesetzliche Regelungen zum Spendersamen

Es gibt in Deutschland einige Regelungen dazu, wie mit dem Spendersamen umzugehen ist bzw. woher er stammen darf:

- Der gespendete Samen muss von einem lebendigen Mann stammen.
- Es darf bei der künstlichen Befruchtung nicht versucht werden, ein bestimmtes Geschlecht des Kindes zu erzielen (eine Ausnahme gilt bei schwerwiegenden Erbkrankheiten).
- Die Frau, die mit dem Samen befruchtet wird, muss mit der Behandlung einverstanden sein.
- Der Samenspender muss ebenfalls in die Verwendung seines Samens eingewilligt haben.
- Die künstliche Befruchtung darf nur durch einen Arzt bzw. eine Ärztin vorgenommen werden.
- Der Spendersamen muss entsprechend den medizinischen Vorgaben konserviert und verwendet werden.[3]

Zudem müssen Ärztinnen und Ärzte die zu behandelnden Frauen ausführlich über den Eingriff und die Nebenwirkungen aufklären. Die Beweislast für eine ausreichende Aufklärung und die Einwilligung der Frau liegt wie in anderen medizinischen Fachgebieten auch bei den Ärztinnen und Ärzten.

Regelungen in anderen Ländern

In den letzten Jahren gab es durch gesetzliche Veränderungen immer wieder Verschiebungen der Ströme des »Reproduktionstourismus« bei Singlefrauen. Es gibt alleinstehende Frauen, die für die künstliche Befruchtung in die USA oder auch nach Südafrika fliegen. Es gibt inzwischen jedoch auch eine Vielzahl von nahe gelegenen europäischen Ländern, die zur Auswahl stehen. Da meist mehrere Anreisen zur Klinik nötig sind, spielt hinsichtlich der Distanz zur Reproduktionsklinik die Zeit und auch das Geld, das hierfür aufgewendet werden muss, eine große Rolle.

Besonders beliebte Länder unweit von Deutschland sind beispielsweise Dänemark, die Niederlande, Belgien, Tschechien und Spanien. Die Niederlande haben einige Jahre jedoch keine Ausländerinnen mehr behandelt, da dort vor rund zehn Jahren nur noch offene Samenspenden zugelassen waren und es zu einem drastischen Rückgang an Samenspendern kam. Zeitgleich entstanden in Dänemark immer mehr Hebammenpraxen, die sich auf Inseminationen für lesbische und alleinstehende Frauen spezialisiert haben. Ärzten war die Behandlung lediger Frauen in Dänemark nicht erlaubt.[4] In Belgien sind die Kosten für Ausländerinnen höher als für Belgierinnen, sodass es häufig aus finanziellen Gründen nicht ganz so interessant für deutsche Frauen ist, eine künstliche Befruchtung in Belgien vornehmen zu lassen.[5]

Südafrika und Zypern sind attraktive Behandlungsländer für Frauen, die aufgrund ihres fortgeschrittenen Alters eine Präimplantationsdiagnostik durchführen lassen wollen. Beliebte Ziele für Eizellspenden und Embryonenadoptionen sind wiederum Tschechien, Spanien und Russland. Auch in Großbritannien werden Singlefrauen aus Deutschland behandelt.

Doch selbst wenn die Gesetze der anderen Länder meist problemlos eine künstliche Befruchtung bei Singlefrauen ermöglichen, sind die kosten- und zeitgünstigsten Möglichkeiten für deutsche Frauen immer noch die wenigen deutschen Reproduktionspraxen insbesondere in Berlin und in Bayern, die Alleinstehende behandeln.

Was können wir moralisch verantworten?

Es gibt also medizinisch und rechtlich gesehen die Möglichkeit, dass sich eine Singlefrau künstlich befruchten lässt und ohne Partner eine Familie gründet. Als Nächstes stellt sich die Frage, ob diese Möglichkeit immer in Anspruch genommen werden sollte. Und wie kann eine verantwortungsbewusste Entscheidung auch im Sinne des Kindes getroffen werden?

Viele betroffene Frauen fragen sich, ob dieser Weg auch fair gegenüber dem Kind ist. Und auch ihr Umfeld konfrontiert sie mit dieser und weiteren Fragen nach der moralischen (Un-)Bedenklichkeit. Die meisten Frauen nehmen diese Zweifel und die Fragen sehr ernst. Für sie folgt ein sehr langer Entscheidungsprozess, wenn sie erst einmal angefangen haben, sich zu fragen, ob sie allein eine Familie gründen wollen. Sie hinterfragen ihren Kinderwunsch: Was passiert, wenn mein Kinderwunsch nicht erfüllt wird? Wie viel Gewicht hat diese Sehnsucht nach einem Kind für mich? Darf ich dem Kind bewusst zumuten, ohne Vater aufzuwachsen? Ist es egoistisch, wenn ich zur Erfüllung meines Wunsches Nachteile für das Kind in Kauf nehme? Was kann und darf ich einem Kind und mir zumuten?

Fest steht, dass sie eine Entscheidung für ihr Kind und sich fällen, die man bis vor einigen Jahren bzw. Jahrzehnten noch nicht selbst fällen konnte: Sie beschließen, ein Kind zu bekommen, dem von Beginn an der Vater fehlt, mit all den daraus resultierenden Konsequenzen. Und sie beschließen, medizinische Eingriffe durchführen zu lassen, über deren Nebenwirkungen und insbesondere über deren lebenslange Auswirkungen nur wenig bekannt ist.

Wichtig ist es, sich hier die verschiedenen Interessen aller beteiligten Akteure bewusst zu machen. Die Frauen selbst haben einen sehr großen Kinderwunsch, der auf anderem Wege eventuell nicht mehr erfüllt werden wird. Die Kinder haben ein Interesse an einer gesunden und glücklichen Kindheit, wozu auch enge Bezugspersonen, ausreichend Aufmerksamkeit, eine stabile Identitätsentwicklung und Kenntnisse über ihre Abstammung gehören. Und dann ist da noch die andere Seite der Ärzte und der Pharmaindustrie, die ebenfalls ihre eigenen Interessen haben. Sowohl mit den Befruchtungen selbst als auch mit der im Vorfeld stattfindenden hormonellen Therapie lässt sich eben auch Geld verdienen. Dieser Umstand sollte einen nun nicht per se von einer Behandlung abschrecken. Aber bei der Frage, ob man tatsächlich eine künstliche Befruchtung vornehmen lassen will, sollte man sich nicht ausschließlich von Personen mit eigenen Interessen beraten lassen, sondern auch neutrale Beratungen aufsuchen. Dies können Lebens- und Sozialberatungsstellen der Kommunen oder Kirchen sein. Aber auch ein Coaching oder eine psychotherapeutische Beratung kommen in Betracht.

Kinder ohne Väter – eine egoistische Entscheidung?

Vielen Frauen wird von ihrem Umfeld vorgeworfen, sie wären egoistisch, wenn sie sich als Alleinstehende künstlich befruchten lassen. Meist steckt hinter diesem Vorwurf die Argumentation, dass ein Kind Mutter *und* Vater braucht. Eine Mutter sollte demnach nicht für das Kind entscheiden dürfen, dass es keinen Vater haben wird. Doch welche Nachteile genau bringt die Abwesenheit einer Vaterfigur mit sich?

Zum einen wirft es die Frage auf, inwiefern eine Vaterfigur für die Herausbildung einer geschlechtlichen Identität wichtig ist. Brauchen Jungen und Mädchen ein männliches Leitbild im engsten Familienkreis? Bei einer amerikanischen Studie, in der Jugendliche untersucht wurden, die in Ein-Eltern-Haushalten aufwuchsen, stellte sich heraus, dass diese Kinder weniger stark zu geschlechtsspezifischen Verhaltensweisen neigten. Mädchen wurden als unabhängiger beschrieben und Jungen als sensibler als dies in traditionellen Familien mit Mutter und Vater der Fall war.[1] Wenn Kinder also nicht in einer herkömmlichen Mutter-Vater-Struktur aufwachsen, gibt es für sie keinen Grund anzunehmen, es gäbe Eigenschaften, die eher weiblich oder eher männlich wären. Ganz selbstverständlich erleben sie ja in ihrer eigenen Familie, dass ein Geschlecht alle Aufgaben und Funktionen abdecken kann. Dass Kinder sich also weniger stark genötigt sehen, in eine gesellschaftlich vorgegebene Geschlechterrolle passen zu müssen und alle ihre charakterlichen Anteile ausleben können, kann als Vorteil gesehen werden – ganz sicher aber stellt es keinen Nachteil dar.

Ein möglicher Nachteil, wenn Kinder ohne Vater aufwachsen, ist hingegen der größere Mangel an Ressourcen, wie finanziellen Mitteln, Zeit und Aufmerksamkeit. Die meisten Eltern wünschen sich, für ihr Kind stets genügend Wärme, Geduld und Zeit zu haben. Doch auch wenn dies für Singlemütter noch schwerer zu erfüllen ist als für Elternpaare, so muss man sich bewusst machen, dass dieser Idealzustand in der Realität in keiner Familie permanent erreicht wird. Und selbst wenn es von der rein »personellen Ausstattung« her für Singlemütter schwieriger sein dürfte, die Bedürfnisse des Kindes zu erfüllen, als für Elternpaare, so zeigt eine Studie aus Großbritannien, dass sie einen anderen Vorteil haben: Single-Mums wiesen im Umgang mit ihren Kindern ein höheres Maß an Zufriedenheit und deutlich weniger Ärger auf.[2] Die Einstellung zur Elternschaft spielt folglich eine nicht zu unterschätzende Rolle.

Bei Kindern, die von Beginn an ohne Vater aufwachsen, stellt sich auch die Frage, inwiefern ihre eigene Identitätsentwicklung davon beeinträchtigt ist. Das Wissen um die eigene Herkunft und Abstammung ist hierfür von einer gewissen Bedeutung. Deshalb wird es unter Experten als besonders wichtig angesehen, dass die Kinder über ihre Herkunft, über die künstliche Befruchtung und den Spendervater aufgeklärt werden und Zugang zu den Spenderdaten erhalten können.

Singlefrauen, die überlegen, sich künstlich befruchten zu lassen, sollten in jedem Fall mit kritischen Reaktionen und skeptischen Fragen aus ihrem Umfeld rechnen. Da diese natürlich auch belastend wirken können, ist es sinnvoll, sich darauf vorzubereiten. Wer sich mit diesen Fragen auseinandergesetzt hat, tritt anderen gegenüber meist deutlich souveräner, stärker und selbstbewusster auf. Freunde und Verwandte stecken für gewöhnlich auch nicht derart tief in der Thematik, wie das bei den Frauen selbst der Fall ist. Der meisten Skepsis kann man also schnell den Wind aus den Segeln nehmen. Doch auch darauf, dass man direkt angegriffen wird und das Umfeld nicht mit sich reden lässt, sollte man vorbereitet sein. Wie dick ist das eigene Fell? Welche Äußerungen von wem können einen wirklich treffen?

Das Beste fürs Kind

Ein häufiger Einwand bzw. ein Gegenargument, das Single-Mums und Singlefrauen, die über den Einsatz reproduktionsmedizinischer Verfahren nachdenken, zu hören bekommen, ist, ob sie wirklich glauben, dass man auf einen Vater verzichten könne? Ob es in Ordnung sei für ein Kind, wenn sie im Vorfeld die Entscheidung treffen, dass es keinen Vater haben wird. Dabei geht es stets um die Frage, was das Beste für das Kind ist. Schnell ist man hier auch in ethische, philosophische und religiöse Themen und Fragestellungen eingebunden.

Wenn es für das Kind furchtbar ist, dass es von Beginn an ohne Vater aufwächst, müssten wir in vergleichbaren Situationen eine ähnlich kritische Haltung einnehmen. Wenn eine Frau ungewollt schwanger und der Partner bereits auf und davon und über alle Berge ist und sich offensichtlich nie der Vaterrolle stellen wird, würden wir ihr dann raten abzutreiben? Nun könnte man einwenden, dass die Schwangerschaft bei diesem Gedankenspiel bereits besteht. Doch es gab schon Berichte über Frauen, deren Männer sterbenskrank wurden, Samen spendeten, verstarben und sich die Frauen später mit dem Samen des verstorbenen Partners befruchten haben lassen. Hier war die Berichterstattung häufig sehr romantisierend und die Frau wurde geradezu heroisiert. Versucht sich eine Singlefrau aber mit fremdem Samen befruchten zu lassen, wird plötzlich mit dem Finger auf sie gezeigt und ihr Egoismus vorgeworfen.

Darüber hinaus stellt sich die Frage, was passiert, wenn die Frau sich nicht befruchten lässt: Wird dieses Kind, das entstanden wäre (bzw. seine Seele), dann gar nicht geboren oder nur zu einem anderen Zeitpunkt von anderen Eltern? Wenn wir die künstliche Befruchtung hier verdammen und dabei über das »Beste fürs Kind« sinnieren, dann stellt sich die Frage: »Welches Kind?« Denn ohne die Befruchtung existiert es ja schlicht gar nicht.

Aus aufgeklärter Perspektive müsste unser Wunsch für ein Kind doch lauten, dass es hoffentlich in wohlbehüteter Umgebung bei Menschen aufwächst, die es wirklich lieben. Ob dies nun eine Mutter und ein Vater oder zwei Väter, eine Mutter oder eine Tante und ein Großvater sind, spielt doch letztlich eine untergeordnete Rolle.

Nach allem, was wir über die Single-Mums wissen, scheinen die meisten von ihnen ihren Kindern sehr gut zu tun. Und die Vorstellungen darüber, was das Beste fürs Kind sei, gehen ohnehin je nach Gruppe, Schicht, Land, Kultur und Alter weit auseinander.

Tatsächlich verbirgt sich hinter dem Versuch, sich zum Advokaten der Kinder zu erklären, eine Abneigung gegenüber diesem Lebensmodell an sich. Ein Grund könnte sein, dass vielleicht gerade Männer empfindlich auf die Tatsache reagieren, dass sie hier quasi ersetzt werden. Vielleicht fühlen sie sich reduziert auf ihren genetischen Beitrag in Form des Samens und fühlen sich als potenzielle Vaterfigur nicht entsprechend gewürdigt. Bei Männern könnte zudem auch Neid ein Grund für eine ablehnende Haltung sein. Schließlich gibt es die Möglichkeit, als

Single Nachwuchs zu bekommen, so nur für Frauen. In anderen Ländern wäre für Männer vielleicht eine Leihmutterschaft denkbar, aber in Deutschland ist diese verboten.

Wie bereits angesprochen, kratzen moderne Familienformen auch an dem traditionellen Familienbild und stellen dieses indirekt infrage. Gleichzeitig stellt eine Single-Mum auch noch allein mit ihrer Existenz das Geschlechterbild infrage. Und die Vorstellung, dass Frauen und Männer ganz unterschiedliche Fähigkeiten und Talente haben und eine Frau nicht durch einen Mann ersetzt werden kann und umgekehrt, besteht letztlich immer noch in weiten Teilen unserer Gesellschaft. Dieses Geschlechterbild gerät ins Wanken und wird empfindlich geschwächt, wann immer Menschen jenseits der gängigen Geschlechterklischees leben. Eine Frau, die im Alleingang ein Kind bekommt, dieses großzieht und für es sorgt, tut dies in jedem Fall – auch wenn es nicht bewusst geplant oder beabsichtigt ist. Es ist lediglich ein Nebeneffekt ihres selbst gewählten Lebensentwurfs.

Wer kümmert sich um die Frauen?

Es gibt gleich mehrere Aspekte und Phasen, die Singlefrauen psychisch stark belasten können. Zunächst ist dies in der Zeit der Entscheidungsfindung der Fall. Ein bislang unerfüllter Kinderwunsch kann ohnehin gewaltigen emotionalen Stress auslösen. Das Für und Wider einer künstlichen Befruchtung abzuwägen, andere alternative Wege in Betracht zu ziehen und sich immer wieder zu hinterfragen und zu klären, was man bereit ist, in Kauf zu nehmen, ist anstrengend. Die bewusste Auseinandersetzung mit den eigenen Grenzen und Ressourcen und die stete Frage, ob es doch einen für einen selbst machbaren Weg zu einem Kind geben kann, wirken sich natürlich auf die Psyche der Singlefrauen aus.

Wenn sie sich schließlich dagegen entscheidet, die Fortpflanzungsmedizin in Anspruch zu nehmen, kann es schwierig sein, sich vom Kinderwunsch zu lösen oder mit steigender Gewissheit zu erahnen: Ich werde in diesem Leben kein Kind mehr bekommen. Die Frauen, die sich für die künstliche Befruchtung entscheiden, haben ebenfalls noch schwierige Zeiten vor sich. Eine der Nebenwirkungen der Behandlungen ist auch, dass sie psychischen Stress auslösen, und es nicht einfach ist, das Gefühlschaos zu verarbeiten. Das Auf und Ab der Gefühle und das ständige Wechseln von Hoffnungen und Ängsten, können als sehr belastend wahrgenommen werden. Stellt sich nach mehreren Behandlungszyklen keine Schwangerschaft ein, müssen die Frauen zudem eine Entscheidung treffen und irgendwann den Ausstieg wagen. Hierbei tun sich manche Frauen sehr schwer und schaffen dies nicht allein.

Doch auch wenn die Befruchtung geglückt ist und die Frauen schwanger sind und auch ein Kind gebären, hören die Sorgen und Ängste nicht auf. Besonders aufreibend können dann Fragen danach sein, wie das Kind damit zurechtkommt, keinen Vater zu haben. Der Alltag ist zudem gerade in den ersten Jahren sehr anstrengend, und auch das Umfeld kann einem das Leben mit Kritik und Vorwürfen schwer machen.

Man muss sich also fragen, wer sich bei all diesen psychosozialen Stressoren, denen die Frauen ausgesetzt sind, um ihr Wohlergehen kümmert und sie bei der Bewältigung und Verarbeitung unterstützt?

Es ist ratsam, sich in diesen Situationen durch Fachkräfte, die sich im Bereich Kinderwunschbehandlungen oder auch mit den Problemen der Alleinerziehenden auskennen, beraten zu lassen. Schon zu Beginn der Überlegungen und der Pläne kann eine solche Beratung helfen, Entscheidungsmöglichkeiten zu reflektieren, Alternativen aufzuzeigen und die eigenen Grenzen und Ressourcen besser einschätzen zu lernen. Auch während der anstrengenden medizinischen Behandlungen ist es sinnvoll, sich durch psychosoziale Fachkräfte, Berater oder Therapeuten begleiten zu lassen.

Besonders wichtig ist es auch für Frauen, die den Ausstieg aus den Fortpflanzungszyklen nicht schaffen und es immer weiter probieren wollen, auf professionelle Hilfe zurückzugreifen. Hier wäre es sinnvoll, wenn die Reproduktionsmedizinerinnen und -mediziner ein sensibles Gespür dafür entwickeln, wann der Kinderwunsch einer Patientin pathologisch wird und sie sich damit immer stärker selbst schadet. Ihre Aufgabe wäre es dann, statt einen nächsten Befruchtungstermin zu vereinbaren, eine diesem vorausgehende psychotherapeutische Sitzung als Bedingung für das weitere medizinische Vorgehen zu verlangen.

Für alle Frauen gilt, dass sie sich nicht scheuen sollten, therapeutische Hilfe in Anspruch zu nehmen, wenn ihr Kinderwunsch geradezu verzweifelt ist und sie sich kein erfülltes Leben mehr ohne Kind vorstellen können.

Die Aufklärung der Kinder

Bei Paaren, die auf die künstliche Befruchtung zurückgreifen, stellt sich die Frage nach der Aufklärung der Kinder auf eine ganz andere Art und Weise. Da es eine Vaterfigur gibt, neigen sie häufiger dazu, die Zeugungsweise für sich zu behalten. Bei lesbischen Paaren und alleinstehenden Frauen ist jedoch klar, dass hier ein Kind ohne »Vater« gezeugt wurde. Daher ist die

Aufklärungsquote in diesen Familien deutlich höher. Sowohl das Umfeld als auch die Kinder haben ein Interesse daran zu erfahren, wie sie gezeugt wurden, wenn so offensichtlich ist, dass dies nicht auf dem herkömmlichen Wege geschehen ist.

Studien zeigen, dass eine frühzeitige Aufklärung dazu beiträgt, dass die Zeugungsart für die Kinder unproblematisch ist.[3] Die Familientherapeutin Petra Thorn rät, die Kinder bereits im Kindergartenalter in kindgerechter Weise mit dem Wissen um ihre Herkunft vertraut zu machen. Eine so frühe Aufklärung wird empfohlen, um den Kindern von Beginn an eine Identitätsentwicklung zu ermöglichen. Erfolgt die Aufklärung erst bei Jugendlichen oder Erwachsenen, so findet oft ein Bruch in deren Identität statt.[4]

Durch ein offenes Thematisieren wird auch ein selbstsicherer Umgang mit dem Thema Samenspende durch die Eltern an ihre Kinder weitervermittelt.[5] Wenn ein Kind jedoch den Eindruck erhält, dass die Mutter sich nicht traut, offen mit ihm oder anderen über seine Zeugungsart zu sprechen, so kann es den Eindruck gewinnen, es würde sich bei seiner Herkunft um etwas Negatives handeln.[6] Auch gibt es eine US-amerikanische Studie mit Teenagern, die bereits längere Zeit über die Umstände ihrer Zeugung aufgeklärt waren. Hier hatte die frühzeitige Aufklärung und der ehrliche und offene Umgang der Eltern mit dem Thema Samenspende und der Existenz eines Spendervaters auch dazu geführt, dass die Kinder keinerlei negative Gefühle bezüglich den Umständen ihrer Zeugung aufzeigten.[7]

Kinder haben ein Recht auf die Kenntnis ihrer Abstammung und Herkunft. Nur aufgeklärte Kinder können später auch auf die Suche nach dem Spendervater gehen – sofern sie dies wünschen. Verschweigt man den Kindern die Samenspende, so verbaut man ihnen von vornherein diese Möglichkeit. Die Initiative Spenderkinder befasst sich aus Kindersicht mit den damit verbundenen Fragen und empfiehlt ebenfalls eine frühzeitige Aufklärung der Kinder.[8] Zudem fordern sie von der Politik die Schaffung eines Zentralregisters für die Spenderdaten.

In Deutschland gibt es bislang keine zentrale Erfassung und kein Verzeichnis von Geburten von Kindern, die durch heterologe Insemination gezeugt wurden. Lediglich die jeweiligen Samenbanken verfügen über Kenntnisse zur Identität der Spender. Schwangerschaften und Geburten durch In-vitro-Fertilisationen hingegen sind im Deutschen IVF-Register registriert. Viele andere Länder verfügen über derartige Zentralregister, die es Spenderkindern deutlich vereinfachen, sich auf die Suche nach den Daten des Spendervaters zu machen. Und tatsächlich scheint es unlogisch, dass IVF-Behandlungen erfasst werden, aber einfache Inseminationen (und auch die ICSI-Behandlungen) nicht registriert werden. Hier braucht es in Deutschland tatsächlich deutlich mehr Transparenz, um dem Recht der Kinder auf die Kenntnis ihrer Abstammung auch gerecht zu werden.

Alle Nebenwirkungen in Kauf nehmen?

Als 1978 das erste »Retortenbaby« in Großbritannien auf die Welt kam, kamen viele Fragen auf, wie beispielsweise, ob die Erzeugung von Leben außerhalb des Körpers überhaupt erlaubt sei, und welche Gefahren das für das Kind, die Eltern und die Gesellschaft hervorruft.[9] Geblieben sind bis heute die Fragen nach den Nebenwirkungen. Da die medizinischen Möglichkeiten – insbesondere die IVF- und die ICSI-Methode –

noch nicht besonders lange existieren, lässt sich nicht abschließend sagen, welche Auswirkungen diese medizinischen Eingriffe bezogen auf das komplette Leben des Spenderkindes haben könnten. So wie es derzeit aussieht, sind die Nebenwirkungen bzw. Gefahren jedoch eher gering.

Bereits genannt habe ich die Fakten, dass die Mütter einige unerwünschte körperliche Symptome bei der Befruchtung und der hormonellen Therapie auf sich nehmen. Und auch die Risiken einer Mehrlingsschwangerschaft und einer möglichen Frühgeburt für Mutter und Kinder sind nicht von der Hand zu weisen. Natürlich muss hier jede Frau für sich selbst abwägen, welche Belastungen und Nachteile sie verkraften kann und bereit ist hinzunehmen. Und natürlich auch, welche dieser Belastungen sie dem Kind zumuten möchte.

Ratsam ist es, sich in jedem Fall intensiv mit diesen Risiken auseinanderzusetzen. Dabei sollten gerade Single-Mums nicht die Möglichkeit ausblenden, dass sie vielleicht nicht nur für ein Kind alleine verantwortlich sein werden, sondern eventuell sogar für zwei Kinder, wenn Zwillinge gezeugt werden. Zurzeit herrscht in der Medizin – und dies betrifft in besonderem Maße auch die Reproduktionsmedizin – eine Rhetorik der »Machbarkeit«. Die medizinischen Versprechen treffen auf die verzweifelten Hoffnungen von Frauen mit großem Kinderwunsch.

Im Vorfeld bereits sollten Frauen daher überlegen, nach wie vielen erfolglosen Befruchtungsversuchen sie die Behandlungen abbrechen. Viele Mediziner motivieren zum Durchhalten. Und auch die bereits aufgewendete Zeit und das investierte Geld erhöhen bei manchen Frauen den Druck, auch nach vielen erfolglosen Behandlungen nicht aufzuhören. Im Zweifelsfall sollte hier eine Beratung oder Therapie aufgesucht werden.

Mutter-Kind-Familie – warum nicht?

Es gibt einige Aspekte wie die Verantwortung, die Perspektive des Kindes und die medizinischen Nebenwirkungen, die die Mütter im Vorfeld berücksichtigen sollten. Dennoch spricht auch einiges für die künstliche Befruchtung als Singlefrau und für einen entspannten Umgang mit dieser. Bei all der Kritik bezüglich der fehlenden Vaterfigur wird außer Acht gelassen, dass diese auch später noch hinzukommen kann. Das Kind einer Single-Mum hat ebenso natürlich die Möglichkeit, männliche Vorbilder und Bezugspersonen in seinem Umfeld zu haben, und eventuell findet die Mutter einige Zeit nach der Geburt noch einen Partner, der sich auch die Elternaufgaben mit ihr teilt. Zudem ist auch die herkömmliche Konstellation Mutter-Vater-Kind längst kein Glücksgarant. Und auch viele Kinder, die ursprünglich geboren wurden, als ihre Eltern noch ein Paar waren, wachsen inzwischen bei einem alleinlebenden Elternteil auf.

Außerdem spricht für die Single-Mums, dass sie sich vielleicht mehr als viele andere Frauen ein Kind von ganzem Herzen wünschen. Daher verwundert es auch nicht, was mehrere Studien herausgefunden haben:

Paare, die Eltern wurden mittels In-vitro-Fertilisation oder Samenspende (und in späteren Jahren auch durch Eizellspende), sind im Umgang mit ihren Kindern liebevoller, empfinden eine größere emotionale Nähe, interagieren mehr mit ihren Kindern und verspüren weniger Stress bei der Erziehung als in natürlich entstandenen Familien.[10]

Es mögen manche Ressourcen in geringerem Umfang bei Singlemüttern vorhanden sein und es mag schwierig für sie sein, diesen Mangel anderweitig zu ersetzen. Doch dafür verfügen sie in einem anderem Bereich über mehr Ressourcen:

Wenn es um den absoluten Wunsch geht, dieses Kind zu bekommen. Denn dieser geht meist mit einer großen Portion Mut, Durchhaltevermögen und einem besonders liebevollen Umgang mit dem Kind einher. Emotionale Ressourcen scheinen also in hohem Maße vorhanden zu sein.

Gewappnet für den Alltag

Neben den medizinischen, rechtlichen und moralisch-ethischen Überlegungen stellen sich Frauen, die darüber nachdenken, im Alleingang Mutter zu werden, vor allem eine Frage: Kann ich das schaffen? Bin ich in der Lage, die Schwangerschaft, die Geburt und das Großziehen eines Kindes alleine zu bewältigen – von den Behandlungen im Reproduktionszentrum mal ganz abgesehen. Auch die Familientherapeutin Petra Thorn führt an, dass es in entsprechenden Beratungen immer wieder darum geht, inwieweit die Frauen glauben, die psychischen Belastungen bewältigen zu können und ob sie ausreichend finanzielle Mittel und ein hilfreiches soziales Netzwerk haben.[1]

Natürlich ist den Frauen bewusst, dass ein Leben als Mutter ohnehin mit vielen Einschränkungen und Belastungen einhergeht. Diese wiegen selbstverständlich ungleich schwerer, wenn man alleinerziehend ist. Die meisten Alleinerziehenden haben allerdings zumindest einen Ex-Partner, den Vater des Kindes, als Unterstützung im Hintergrund. Im Idealfall zahlt er den Unterhalt für das Kind und eventuell Unterhalt für die Mutter. Zudem haben viele Alleinerziehende oft immerhin jedes zweite Wochenende Zeit für sich, wenn das Kind beim Vater ist. Doch auch für diese Alleinerziehenden ist der Alltag anstrengend und belastend, und sie stehen die meiste Zeit mit der Betreuung des Kindes und mit sämtlichen Erziehungsfragen alleine da.

Wie viel schwerer muss es sein, wenn man von Beginn an – ab dem Kinderwunsch – alles alleine meistern muss. Kein Partner, der einem in der Zeit der Schwangerschaft noch spät abends eine Pizza besorgt oder einem die schmerzenden Füße massiert. Kein Partner, der einem bei der Geburt den Rücken stärkt und die Hand hält. Kein Partner, der mal nachts aufsteht, um das Kind zu wickeln, oder der abends beim Kind bleibt, wenn man noch mal kurz in den Supermarkt oder zu einer Freundin möchte. Kein Partner, mit dem man seine Sorgen teilen und Entscheidungen besprechen und gemeinsam treffen kann. Von Beginn an alleinerziehend zu sein, heißt auch, die meiste Zeit komplett allein verantwortlich zu sein und insbesondere in den ersten Jahren jeden Weg und jede Erledigung nur noch mit dem Kind gemeinsam bewerkstelligen zu können. Man ist mehr oder weniger rund um die Uhr die einzige Aufsichts- und Bezugsperson für das Kind. So schildern viele Alleinstehende, dass sie besonders in den ersten Jahren Tag und Nacht, 24 Stunden lang, mit dem Kind zusammen waren, und dies als schwierig empfunden haben.

Soziale Netzwerke als unverzichtbare Ressource

Deshalb brauchen Single-Mums vor allem eins: ein großes und gut funktionierendes Netzwerk. Es steht außer Frage, dass man auf Hilfe von außen angewiesen sein wird. Gerade in den ersten Jahren sind viele alltägliche Handlungen nicht selbstverständlich, zum Beispiel in Ruhe zu duschen oder in die Badewanne zu gehen. Kinderbetreuung durch Kita und Babysitter benötigt man nicht nur, um arbeiten zu gehen oder sich vielleicht mal einen Kinobesuch zu gönnen. Auch Arzttermine, Fortbildungen, Behördengänge und Friseurtermine können oft nicht mit einem lebhaften Kleinkind erledigt werden. Hat man eine Babyschale im Einkaufswagen stehen, passt dort der Einkauf nicht mehr hinein. Und auch kurze Wege können zur Belastungsprobe werden, wenn man beispielsweise das Baby und den Einkauf gleichzeitig durchs Treppenhaus befördern möchte. Wird man als Mutter dann noch krank, ob durch Grippe oder Migräne, kann man die Betreuung des Kindes vielleicht nicht mehr rund um die Uhr gewährleisten. Zählt man die Erkrankungen des Kindes hinzu, werden die seltenen Verschnaufpausen noch weniger.

Daher ist es unerlässlich, über ein Netzwerk aus Familienangehörigen, Freunden, Bekannten, Babysittern etc. zu verfügen. Mit dem Gedanken, in jedem Fall Hilfe in Anspruch nehmen zu müssen, sollte man sich also bereits rechtzeitig vertraut machen. Denn es geht nicht nur darum, überhaupt Menschen in seinem Umfeld zu haben, die einem helfen würden. Viele Menschen müssen erst lernen, Hilfe auch annehmen zu können.

Zudem erfüllen diese Netzwerke noch eine weitere wichtige Funktion: Sie bieten dem Kind eine Vielfalt an unterschiedlichen Bezugspersonen – im Idealfall auch männliche Bezugspersonen, die von den meisten Müttern auch wegen einer fehlenden Vaterfigur als wichtig eingeschätzt werden.

Doch nicht nur für die zeitliche Entlastung und als Bezugspersonen für das Kind sind die Verwandten und Freunde aus dem eigenen Netzwerk so unentbehrlich. Wenn man ein Kind hat, stehen täglich Entscheidungen an. Manche haben geringere Auswirkungen. Wie zum Beispiel die Frage, was man dem Kind morgens in die Frühstücksbox packt. Andere Entscheidungen sind schon weitaus bedeutender und gehen mit viel Verantwortung einher. Wenn zum Beispiel entschieden werden muss, ob und ab wann und wo ein Kind betreut werden soll. Oder wenn es eine Krankheit hat und man sich für eine medizinische Behandlung entscheiden muss. Oder auch, wenn es um die Schulwahl oder Erziehungsentscheidungen geht. Single-Mums können all diese Fragen nicht mit einem Vater abwägen und diskutieren. Sie müssen die Entscheidungen alleine treffen und sind am Ende auch allein verantwortlich für ihre Entscheidungen. Daher ist es sehr wertvoll, wenn man über vertrauenswürdige Personen in seinem Umfeld verfügt, die mit einem diskutieren und vielleicht auch andere Perspektiven aufzeigen können.

Prävention betreiben

Die Netzwerke und das Annehmen der Hilfe dienen auch der Prävention. Der Stress durch die Rund-um-die-Uhr-Abrufbereitschaft, den Schlafmangel und das völlige Zurückstellen jeglicher eigener Bedürfnisse kann nämlich auch krank machen und zu einem Burn-out, der völligen emotionalen und körperlichen Erschöpfung, führen.

Gerade diesen Komplettausfall kann sich aber eine Singlemutter nicht leisten. Wer kümmert sich um das Kind, wenn sie erst mal psychisch restlos erschöpft ist und ihre Energiereserven aufgebraucht sind? Damit dieser schlimmstmögliche Fall gar nicht erst eintritt, empfiehlt beispielsweise Mikki Morrissette neben dem aktiven Netzwerken noch einige andere Präventionsmaßnahmen: Single-Mums sollten Selbstfürsorge betreiben und darauf achten, dass sie genügend Schlaf und gesunde Nahrung bekommen. Sie rät auch zu sportlicher Betätigung. Diese ist sicher sinnvoll, aber häufig klagen schon Mütter mit Partner, dass sie in den ersten Jahren dafür keine oder kaum Zeit haben. Sollte der Sport also für ein paar Jahre nur noch unregelmäßig möglich sein, sollte sich deshalb auch keine Single-Mum Vorwürfe machen. Zudem schlägt Morrissette vor, eine Prioritätenliste für jeden Tag und jede Woche anzufertigen. Nicht mit dem Ziel, diese vollständig abzuarbeiten, sondern nur zur übersichtlicheren Selbstorganisation. Alles, was nicht geschafft wurde, kann auf die Liste für den nächsten Tag oder die nächste Woche übertragen werden.

Diese Selbstfürsorge ist ein wichtiger Punkt, der nicht vernachlässigt werden sollte. Da es jedoch nicht so einfach ist, sich neben all den Aufgaben einer alleinerziehenden Mutter auch noch um das eigene Wohlergehen zu bemühen, ist es wichtig, diese Punkte im Vorfeld zu bedenken. Welche Ideen hat man, welche Lösungsmöglichkeiten gäbe es? Wie könnte man es schaffen, auch in anstrengenden Phasen Zeit für gesundes Essen und ausreichend Schlaf zu finden? Als Antwort gibt es hier zwei Wege: Entweder man verfügt über Geld oder über hilfreiche soziale Kontakte. Am besten verfügt man über beides.

Wer in der Lage ist, sich an die gegebenen Umstände anzupassen und nicht blind zuvor festgelegte Pläne zu verfolgen, verspürt deutlich weniger Frustration als Personen, die streng an ihren Vorsätzen und Zielen festhalten. Eltern müssen permanent improvisieren oder dabei zusehen, wie sich ihre Pläne in Luft auflösen. Wenn es für Eltern generell wichtig ist, hier lockerzulassen und gelassen zu bleiben, ist es das für Single-Mums erst recht. Das oberste Ziel sollte stets sein, dass größtmögliche Zufriedenheit und Entspannung vorherrschen. Dennoch wird es genügend Situationen geben, in denen dies nicht möglich ist. Sei es, weil man mit dem widerspenstigen Kleinkind noch schnell die Apotheke erreichen will, bevor diese schließt, oder weil das Kind am nächsten Tag ohne Geschenk auf dem Kindergeburtstag stehen wird, wenn man es jetzt nicht noch überreden kann, den Sandkasten zu verlassen, um mit ihm ins Einkaufszentrum zu fahren. Manchmal gibt es in diesen Situationen mit Kindern nur die Möglichkeit, sich für sofortigen Stress für alle Beteiligten zu entscheiden oder man verschiebt den Stress auf später.

Verfügt man über oben genanntes Netzwerk, kann man für verschiedenste Situationen Lösungen finden. Vielleicht kann man das Kind auf dem Spielplatz beim Nachbarskind und dessen Mutter oder Vater lassen, während man selbst in die Apotheke fährt. Vielleicht hat später noch kurzfristig eine Babysitterin oder Tante Zeit, um das Kind ins Bett zu bringen, während man noch ein Geschenk besorgt. Gelassenheit hilft dabei, andere Wege und Lösungen zu erkennen: Geht die Welt unter, wenn man das Medikament erst morgen aus der Apotheke holt? Ist es tatsächlich dramatisch, zum Kindergeburtstag nur eine Tüte Bonbons und einen Gutschein für das Geschenk zu verschenken? Es gibt Schlimmeres. Mit dieser Grundhaltung reduziert sich der subjektiv wahrgenommene Stress bereits enorm.

Daher ist auch der eigene Umgang mit Stress und mit unvorhergesehenen Situationen ein wichtiger Aspekt, der Beachtung finden sollte. Es ist enorm hilfreich, sich selbst nicht zu überfordern, nicht perfektionistisch zu werden und die Relationen im Blick zu behalten: Von einem verpassten Arzttermin oder einem kaputten Blumentopf geht die Welt schließlich nicht unter. Dennoch bleibt die Hilfe von außen der wichtigste Schlüssel zur zufriedenen Single-Mutterschaft.

Finanzielle Ressourcen

Insbesondere Single-Mums kann die Stresslawine empfindlich treffen. Denn neben der Erziehung ihres Kindes haben sie auch die finanziellen Lasten ganz alleine zu tragen und müssen daher das Einkommen für sich und das Kind komplett selbst bestreiten. Gleichzeitig sehen sie sich oft einer Diskriminierung im Berufsleben ausgesetzt, die es mitunter nicht einfach macht, den beruflichen Wiedereinstieg zu meistern oder an Jobs zu gelangen, die der eigenen Qualifikation entsprechen und gut bezahlt sind.

Viele Belastungen lassen sich mit Geld vermeiden oder stark reduzieren. Wer über genügend finanzielle Ressourcen verfügt, kann sich eine umfangreiche Kinderbetreuung und einen Babysitter leisten. Hilfreiche Handgriffe – wie beispielsweise die einer Haushaltshilfe – können mit Geld einfach gekauft und damit anfallende Arbeit wegdelegiert werden. Mit Geld können Mütter so auch Zeit für sich selbst und damit ein Stück Freiheit kaufen. Und wer über finanzielle Ressourcen in ausreichendem Umfang verfügt, hat wahrscheinlich auch keine finanziellen Sorgen, die zusätzlich belasten können.

Die Gleichung »Zeit ist Geld« stimmt für die Lebenssituation alleinerziehender Mütter jedenfalls. Denn wer einen gut bezahlten Job und genügend Ersparnisse hat, der braucht vielleicht nicht acht Stunden täglich zu arbeiten, kann sich aber eine Ganztagsbetreuung leisten, hat im Haushalt Unterstützung, kann abends zum Sport gehen, wenn die Babysitterin da ist, und hat damit in einem gewissen Maße ähnliche Möglichkeiten wie Mütter, die nicht alleinerziehend sind.

Für immer alleinerziehend?

In der Regel gestaltet sich die Partnersuche für Alleinerziehende eher schwieriger als für kinderlose Singles. Die zeitliche Gebundenheit schränkt doch erheblich bei der Partnersuche ein. Selbstverständlich heißt es nicht, dass man für immer Single-Mum bleibt, nur weil man sich für eine Familiengründung im Alleingang entschieden hat. Singlefrauen, die sich künstlich befruchten lassen, drehen häufig nur die Reihenfolge um. Während andere Frauen erst einen Partner finden und dann gemeinsam ein Kind bekommen, bekommen sie zuerst das Kind und finden später einen Partner. Doch auch die Frauen, die mit Partner ein Kind bekommen, bleiben ja immer öfter nicht dauerhaft in der Partnerschaft mit dem Vater. Auch für sie schließen sich oft Phasen als Alleinerziehende an, bis später ein neuer Partner gefunden ist.

Und so gibt es für die Single-Mums auch ganz unterschiedliche Lebenssituationen in den Jahren nach der künstlichen Befruchtung: Manche Frauen bleiben alleinerziehend, andere sind neu »verpartnert«, einige leben in Patchwork-Konstellationen mit einem neuen Partner. Es gibt Frauen, die sich die Elternschaft mit dem Spendervater teilen und auch Frauen, die in Wohngemeinschaften mit anderen Frauen oder Müttern zusammenleben.

Fest steht: Es ist mit Kind in aller Regel schwieriger, einen Partner zu finden. Aber es ist nicht unmöglich. Und die meisten Frauen, die Single sind und einen starken Kinderwunsch haben, hatten es bisher bei der Partnersuche auch nicht besonders einfach, weil sie nicht nur nach einem Partner, sondern auch nach einem geeigneten Familienvater Ausschau gehalten haben. Verglichen mit der Zeit vor dem Kind müssen sich also die Chancen bei der Partnersuche nicht unbedingt verschlechtern. Sie sind vermutlich jedoch schlechter als bei Frauen, die kinderlos sind und nicht verzweifelt nach einem Partner zur Familiengründung suchen. Je jünger Alleinerziehende sind, desto schneller finden sie erfahrungsgemäß einen Partner. Alleinerziehende unter 25 Jahren bleiben kaum zwei Jahre alleine, die meisten Alleinerziehenden unter 30 haben einen Partner, aber nur 25 Prozent der Alleinerziehenden über 40 leben in einer Beziehung.[2]

Allerdings muss man davon ausgehen, dass dieses Phänomen nicht nur auf Alleinerziehende zutrifft. Auch von kinderlosen Singles wissen wir, dass mit zunehmendem Alter Beziehungen zögerlicher eingegangen werden. Ob ein passender Partner nun früher oder erst später gefunden wird, muss nichts mit dem Status »alleinerziehend« zu tun haben.

Der Unterschied zwischen Single-Mums und anderen Alleinerziehenden

Zwischen den Single-Mums, die bewusst von Beginn an ihre Elternschaft ohne Vater planen, und den Frauen, die nach einer Trennung vom Vater alleinerziehend sind, bestehen einige Unterschiede. So resultiert aus der Tatsache, dass es keinen Vater gibt – auch keinen Wochenendpapa oder abwesenden Vater –, eine wichtige Frage, die man sich bei der Planung des Nachwuchses stellen sollte: Wie geht man damit um, wenn man sich als Mutter nicht (mehr) um das Kind kümmern kann? Singlemütter haben das alleinige Sorgerecht. Sollte ihnen etwas zustoßen, wer soll sich fortan um das Kind kümmern? Für den Fall, dass die Mutter schwer körperlich oder psychisch erkrankt oder stirbt, sollte sie sich im Vorfeld überlegen, zu wem ihr Kind dann kommen soll. Es ist ratsam, dies mit den infrage kommenden Personen zu besprechen und es in einer Sorgerechtsverfügung festzuhalten. Aber es sollte einem klar sein, dass es sich dabei im Gegensatz zu einem Testament um kein rechtsverbindliches Dokument handelt. Es würde im Falle eines Falles lediglich als Hilfe zur Urteilsfindung vom Jugendamt und vom Vormundschaftsgericht herangezogen.

Ein weiterer wichtiger Unterschied zu Trennungsmüttern und -kindern ist, dass weder Kind noch Mutter zuvor das Ende einer Beziehung zwischen Mutter und Vater miterleben mussten. Somit ist der Mutter eine entsprechende Trauerphase erspart geblieben, die sonst viele Alleinerziehende direkt nach der Trennung in ihren ersten Monaten allein mit den Kindern durchleben. Und auch der Trennung vorausgehende Streitereien, Verletzungen oder Kränkungen und das Miterleben, wie ein Lebenstraum – eine Partnerschaft bis ans Lebensende – sich nicht erfüllt, haben weder Mutter noch Kind ertragen müssen.

Zudem haben sich die Single-Mums ganz bewusst für ihre Lebensweise entschieden, während bei getrennten Alleinerziehenden der Schock darüber, nun (fast) alles allein meistern zu müssen, erst einmal erdrückend sein kann. Singlemütter wissen von vorneherein, worauf sie sich einlassen. Sie wissen und rechnen damit, dass sie sich Freiräume und eigene Wünsche nur unter gewissen Voraussetzungen leisten können. Sie gehen von Beginn an in die Mutterschaft mit dem Wissen darum, dass sie ein stabiles soziales Netzwerk und finanzielle Mittel benötigen, um ihren Alltag organisieren zu können. Frauen, die nach einer Trennung alleinerziehend sind, sind unter ganz anderen Voraussetzungen in die Elternschaft gestartet. Sie hatten geplant, einen Partner zur Unterstützung an ihrer Seite zu haben. Die Diskrepanz zwischen Erwartungen und Realität ist bei Trennungsmüttern also höher als bei Single-Mums. Das persönliche Glücksempfinden hängt häufig nicht unerheblich davon ab, inwiefern die eigenen Erwartungen und die Realität übereinstimmen. Zwei alleinerziehende Frauen können sich in derselben Lebenssituation befinden. Wenn die eine sich ihr Leben genau so vorgestellt hat und die andere ganz andere Vorstellungen hatte, wird klar, dass ein und derselbe Alltag die eine Frau unglücklich machen kann, mit welchem die andere Frau jedoch zufrieden ist. Der große Vorteil der Single-Mums ist, dass sie wissen, worauf sie sich einlassen und was auf sie zukommt. Sie finden sich nicht plötzlich in einer Lebenslage wieder, die sie so nie wollten. Sie haben ihre Entscheidung ganz selbstständig getroffen.

Von unglücklichen Müttern lernen

Neben Müttern, die überfordert und unzufrieden sind, gibt es – so wissen wir heute – auch Mütter, die trotz ihres damaligen Kinderwunsches und wegen ihrer inzwischen gemachten Erfahrungen im Nachhinein nicht wieder Kinder bekommen würden. Der Begriff *Regretting Motherhood* steht für Mütter, die bereuen, Mutter geworden zu sein. Er ist seit zwei Jahren in aller Munde. Denn im Frühjahr 2015 veröffentlichte die israelische Soziologin Orna Donath ihre Studie zum Thema *Regretting Motherhood* und sorgte damit insbesondere in Deutschland für Aufsehen.[1] Zwar hatte ich selbst 2012 in meinem Buch *Mütterterror* bereits beschrieben, dass es Mütter gibt, die es bereuen, Kinder bekommen zu haben, doch von der Öffentlichkeit wurde das Thema bis zu Ornaths Studie totgeschwiegen.

Zwischen 2008 und 2011 stellte Donath israelischen Müttern die Frage: »Wenn Sie in der Zeit zurückgehen könnten, mit den Erfahrungen und den Kenntnissen, die Sie heute haben, wären Sie dann Mutter geworden?« Auf diese Frage antworteten nicht wenige Mütter mit »Nein«.

Diese Frauen sind nicht nur kurzzeitig mit ihrer Mutterrolle unglücklich, sondern dauerhaft unzufrieden – sie bereuen es, Kinder bekommen zu haben. Es gibt bislang wenig quantitative Daten zu den unglücklichen Müttern, aber es scheinen überdurchschnittlich viele Alleinerziehende betroffen. Aufgrund meiner Gespräche mit Hunderten von Müttern zu meinen letzten Büchern und auch im Rahmen meiner Arbeit im Familienbüro der Universität Hannover gelangte ich zu der vorsichtigen Schätzung, dass rund zehn Prozent der Mütter vom Phänomen *Regretting Motherhood* betroffen sein könnten. Von Journalistinnen und Journalisten oder auch fachfremden Personen wurde diese Einschätzung immer als sehr hoch angesehen. Dies liegt vor allem daran, dass die wenigsten Mütter offen darüber sprechen, wenn sie betroffen sind, und dass es lange sensible Gespräche und ein gewisses Vertrauen braucht, um von einer Mutter zu erfahren, ob sie ihre Mutterschaft bereut.

Im Herbst 2016 wurde dann in Deutschland von einem demografischen Institut eine erste quantitative Befragung zu dem Thema durchgeführt, bei der sich herausstellte, dass 19 Prozent der Mütter und sogar 20 Prozent der Väter betroffen sind.[2] Es handelt sich also nicht um ein Randphänomen oder Nischenthema. Jede fünfte Mutter ist betroffen!

Für Frauen, die einen starken Kinderwunsch haben und überlegen, diesen auch ohne Partner zu realisieren, ist es wichtig, sich mit diesen negativen Stimmen auseinanderzusetzen. Denn auch viele der bereuenden Mütter hatten ursprünglich einen großen Kinderwunsch. Somit kann die starke Sehnsucht nach einem Kind nicht als »Ausschlusskriterium« betrachtet werden. Auch Frauen, die sich ein Kind wünschen, können anschließend eine bereuende Mutter werden. Die einen stellen fest, dass der Kinderwunsch überhaupt nicht ihren eigenen Bedürfnissen und Lebensvorstellungen entsprang, sondern sich vielmehr aus gesellschaftlichen Erwartungen und ihrer Sozialisation speiste. Die andere Gruppe von bereuenden Müttern muss realisieren, dass es eine sehr große Diskrepanz gibt zwischen ihrer ursprünglichen Vorstellung vom Leben mit einem Kind und den tatsächlichen Gegebenheiten im Alltag mit Kind(ern).

Vermeintlicher Glücksbringer Mutterschaft

Es ist ein gesellschaftlicher Konsens, dass Mutterschaft automatisch ein Glücksbringer für Frauen ist. Daher schlug Donaths Studie so hohe Wellen: Das Ergebnis war ein Tabubruch und die Beschreibungen der bereuenden Mütter stellten unser Mutterbild infrage. Erstmals gaben Mütter in einer wissenschaftlichen Studie zu, dass sie lieber kinderlos geblieben wären – jetzt, da sie wissen, was es heißt, ein Kind oder mehrere Kinder zu haben. Doch weshalb hat zuvor keine Mutter darüber gesprochen? Warum sprechen auch jetzt Betroffene noch nicht öffentlich darüber, sondern allerhöchstens, wenn sie dabei anonym bleiben können?

Äußert eine Mutter in unserer Gesellschaft, dass sie unglücklich ist, keine Freude an ihrem Alltag hat oder ihr ein zu hoher Druck und die zu vielen Anforderungen das Leben schwer machen, gilt sie schnell als »unnormal« oder »krank«. Es wird dann vermutet, sie hätte einen genetischen Defekt, ihr würde das »Mutter-Gen« fehlen oder sie sei psychisch krank und könnte deshalb nicht dieses vermeintlich natürliche Glücksgefühl empfinden. Dabei ist nicht etwa der Umstand, dass eine Mutter unglücklich mit ihrer Mutterrolle sein kann, so ungewöhnlich und exotisch, sondern die Tatsache, dass sie dies äußert, ist es.

Im Sommer 2015 habe ich Mütter im deutschsprachigen Raum gesucht, auf die das Phänomen *Regretting Motherhood* zutrifft. Für mein Buch *Wenn Mutter sein nicht glücklich macht* habe ich Fragebögen an diese Mütter geschickt und 18 betroffene Frauen in meinem Buch dargestellt und ihre Lebenssituation analysiert.[3]

Die Mütter, die Donath in Israel befragte, und auch die Mütter, die ich in Deutschland befragt habe, lieben alle ihre Kinder. Die Mutterschaft zu bereuen, bedeutet nicht, sein Kind nicht zu lieben. Sie unterscheiden vielmehr sehr stark zwischen dem Kind und ihrer eigenen Rolle. Deshalb wünschen sie sich auch nicht tatsächlich, dass ihre Kinder nicht mehr da sein sollten – keine spielt mit dem Gedanken, ihr Kind zur Adoption freizugeben. Letztlich ist es eine rein hypothetische Vorstellung, ein Gedankenspiel. Wenn ich mein Kind als Person noch nicht kennen würde, wenn ich es noch nicht lieben würde und wenn ich einfach früher, so wie ich war – kinderlos –, gewusst hätte, was ich heute weiß, nämlich wie mein Alltag als Mutter aussehen wird und wie sehr er mich einschränken und belasten wird, dann hätte ich mich gar nicht erst für Kinder entschieden. Es geht also zu keinem Zeitpunkt um die Frage, ob man seine Kinder loswerden möchte. Dies würden die bereuenden Mütter auch nicht wollen. Sie haben also sehr ambivalente Gefühle.

Doch es sind nicht nur ein Fünftel der Mütter betroffen. Die Belastungen, die die bereuenden Mütter erleben und die ihre Reue verursachen, wirken sich auch auf die nicht-bereuenden Mütter aus. Man kann die bereuenden Mütter nicht als Exotinnen auf der einen Seite und alle anderen Mütter auf der anderen Seite sehen. Vielmehr handelt es sich um ein Kontinuum mit fließenden Übergängen. An dem einen Pol befinden sich die Mütter, die voll und ganz in ihrer Rolle aufgehen. An dem anderen Pol befinden sich die bereuenden Mütter, die durchgängig und langfristig mit ihrer Mutterrolle unglücklich sind. Dazwischen befinden sich die meisten Mütter. Diese Mütter verspüren phasenweise den Wunsch, kurz aus ihrer Rolle auszubrechen, sie sind unzufrieden oder überlastet, von aufreibenden Situationen mit ihren Kindern entnervt und wünschen sich eine Pause von ihrer Verantwortung. Man muss davon ausgehen, dass es neben den bereuenden Müttern auch noch sehr viele unglückliche Mütter gibt.

Wer sind die bereuenden Mütter?

Die Lebensumstände der Mütter sind sehr unterschiedlich. Sie kommen aus allen Schichten. Sie sind alleinerziehend, in einer neuen Partnerschaft oder noch mit dem Vater der Kinder in einer Beziehung. Sie haben pflegeleichte, anstrengende oder auch chronisch kranke Kinder. Ihre Zusammensetzung entspricht ungefähr der Zusammensetzung anderer Mütter. Wobei anscheinend Alleinerziehende etwas häufiger betroffen sind. Die typische bereuende Mutter gibt es jedoch nicht. Letztlich könnte es jede Frau treffen. Es gibt keinen Lebensumstand, keine Ressourcen, keine Beziehung, keinen Beruf und keine Herkunft, die einen davor zu schützen vermag, eine bereuende Mutter zu werden.

Doch wie genau wird eine kinderlose Frau mit Kinderwunsch zu einer Frau, die es bereut, Nachwuchs bekommen zu haben? Noch bevor eine junge Frau schwanger wird, können vier Gegebenheiten vorhanden sein, die dabei förderlich sind, eine bereuende Mutter zu werden:

1. Die Frau wächst in einer Gesellschaft auf, in der Kinder zu bekommen, ein Standard ist, eine Norm, die nicht hinterfragt wird.
2. Die Frau wird von Menschen aus ihrem Umfeld mit deren Erwartungen konfrontiert: Sie soll doch nun endlich auch ein Kind bekommen.

3. Familie, Kinder, Mutterschaft werden ihr von der Gesellschaft – insbesondere von den Medien – als größter Hort von Glückseligkeit verkauft. Ihr Bild vom Alltag als Mutter ist falsch-positiv.
4. Der Frau wird suggeriert, dass eine Vereinbarung von Familie und Beruf mehr oder minder problemlos möglich ist.

Als besonders belastend schildern fast alle bereuenden Frauen Punkte, die auch von Müttern immer wieder bemängelt werden, die lediglich phasenweise unglücklich sind:

- der Muttermythos und die überhohen Ansprüche sowie den überkritischen Umgang mit Müttern (auch untereinander),
- die Schwierigkeiten, Job und Familie zu vereinbaren und in den Beruf zurückzukehren,
- die mangelnde Unterstützung durch den Partner,
- dass Mutterschaft ein Rund-um-die-Uhr-Job ohne Pause ist.

Mehrfachbelastung setzt Mütter unter Stress

Die Mütter sehen sich nicht nur einer Doppelbelastung ausgesetzt. Tatsächlich managen sie inzwischen hauptverantwortlich drei bis vier Lebensbereiche parallel:

1. Der Großteil des Haushalts wird nach wie vor von den Müttern erledigt. In manchen Partnerschaften sind sie sogar komplett allein für den Haushalt zuständig.

2. Die Kindererziehung obliegt ebenfalls nach wie vor größtenteils den Frauen. Sie sind es, die den Hauptteil oder auch die gesamte Elternzeit nehmen und den damit verbundenen beruflichen Ausstieg (und fast immer auch einen ordentlichen Karriereknick) erleben. Im Anschluss an die familienbedingte Auszeit reduzieren sie zudem zugunsten der Betreuung der Kinder häufig ihre Arbeitszeit.
3. Das Organisieren, Zusammenführen und Aufeinanderabstimmen aller Aufgaben und Termine der Familienmitglieder ist derart zeit- und kraftaufwendig geworden, dass die Soziologie dafür bereits einen eigenen Begriff eingeführt hat: das Vereinbarkeitsmanagement. Dieser Aufgabenkomplex fällt auch fast immer in die Verantwortung der Mütter.[4]
4. Zudem sind die meisten Mütter früher oder später mit ihrem beruflichen Wiedereinstieg befasst, gehen meist täglich einer Erwerbstätigkeit nach und kümmern sich um ihr berufliches Vorankommen oder um eine Weiterqualifikation.

Wenn Mütter in einer Partnerschaft mit dem Vater leben, kommt zu dem Stress durch die Mehrfachbelastung häufig noch die Frustration über die geringe Mitarbeit des Vaters hinzu. Häufig belasten die bereuenden Mütter dann auch die enttäuschten Erwartungen an eine doch zumindest annähernd gleichberechtigte Elternschaft. Ab der Geburt des Kindes greifen häufig traditionelle Rollenmuster, Eltern orientieren sich an der konservativen Aufgabenteilung, die sie noch von ihren Eltern kennen, und die gesellschaftlichen und politischen Strukturen, die Frauen und Männer in diese Richtung drängen, wirken sich aus.

Bei Alleinerziehenden ist es nicht weiter überraschend, dass sie in jedem Fall für die meisten Aufgaben alleinverantwortlich sind. Doch das bedeutet nicht, dass sie der Stress weniger belasten würde. Außerdem verspüren sie oft Frustration darüber, dass sie ihre gesamte Lebenssituation anders geplant hatten. Dies ist natürlich bei den Single-Mums nicht der Fall. Sie werden nicht gegen ihren Wunsch alleinerziehend, sondern planen die Elternschaft von Beginn an auf diese Weise. Sie werden auch nicht durch die zu geringe Unterstützung des Partners bzw. Vaters frustriert, da sie mit einem solchen von Beginn an nicht gerechnet haben. Dennoch könnte sie das Ausmaß der Belastungen und Entbehrungen überraschen.

Bereuende Mütter werden gemacht

Bei meiner Analyse der Fragebögen deutscher bereuender Mütter wurde deutlich, dass man sie in zwei Gruppen von Frauen einteilen kann:

1. Die einen Frauen hatten von Beginn an Zweifel an ihrem Kinderwunsch oder beschreiben, dass sie eigentlich keine Kinder gewollt hätten, sich allerdings dem gesellschaftlichen Zwang gefügt haben. Sie haben meist schon relativ früh, noch in der Schwangerschaft oder kurz nach der Geburt, festgestellt, dass der Kinderwunsch nicht wirklich ihren eigenen Bedürfnissen entsprang.
2. Die andere Gruppe von Frauen hat erst nach und nach bemerkt, dass die Entbehrungen und Belastungen, die das Leben mit Kind(ern) mit sich bringt, sie unglücklich machen und zu stark ihre eigenen Bedürfnisse und Freiheiten beschneiden. Sie könnten sich häufig nach

wie vor vorstellen, glückliche Mütter zu sein, sofern sie unter völlig anderen gesellschaftlichen Rahmenbedingungen Kinder bekommen hätten.

In beiden Fällen spielt die Gesellschaft eine entscheidende Rolle. Die erste Gruppe ist kaum noch in der Lage zu spüren, ob sie wirklich Kinder bekommen möchten. Die gesellschaftliche Doktrin, eine Frau habe Kinder zu bekommen und müsste sich für ihren Lebensentwurf Nachwuchs sehnlichst wünschen, hatten sie derart verinnerlicht, dass sie glaubten, tatsächlich eine Familie gründen zu wollen.

Die zweite Gruppe leidet schließlich unter den Anforderungen, die die Gesellschaft an Mütter stellt. Darüber hinaus sind sie schockiert darüber, dass sie auf Anerkennung und Unterstützung bei der Vereinbarung von Beruf und Familie nicht nur verzichten müssen, sondern darüber hinaus im Beruf diskriminiert werden und permanent im Kreuzfeuer stehen.

Auch wenn man aufgrund des starken Kinderwunsches bei Single-Mums in spe nicht erwarten würde, dass die Gefahr besteht, sie könnten eines Tages zu der ersten Gruppe von Müttern gehören, kann dies nicht ausgeschlossen werden. Es gilt für sie daher, ihren Kinderwunsch genau zu ergründen. Woher kommt er genau?

Kinderlose Frauen werden unter Druck gesetzt

Der Mythos, die Mutterschaft würde eine Frau in jedem Fall absolut glücklich machen, wirkt sich nicht nur auf Mütter aus. Kinderlose Frauen werden mit diesem Mythos ebenfalls stark unter Druck gesetzt. Denn dieser wirkt in zwei Richtungen. Einerseits beinhaltet der Muttermythos die Vorstellung, alle Frauen könnten durch das Mutter-Werden in einen permanenten Zustand der Glückseligkeit gelangen. Andererseits gehört zum Muttermythos aber auch der Aspekt der Ausschließlichkeit dazu: Frauen können eben auch NUR über die Mutterschaft tatsächlich glücklich werden. Im Umkehrschluss bedeutet dies, dass Frauen, die keine Kinder bekommen, nie wirklich glücklich sein können.

Genau diesen Aspekt des Muttermythos sollten sich Frauen mit Kinderwunsch, unabhängig davon, ob sie Single sind oder in einer Beziehung leben, genauer ansehen. Es gibt Frauen, die einen Kinderwunsch einzig deswegen verspüren, weil er den gesellschaftlichen Erwartungen an sie entspricht. Das idyllische Bild der Vater-Mutter-Kind-Familie als Standard-Lebensentwurf wird uns von klein auf vermittelt. Ein Kinderwunsch könnte also auch einfach Ausdruck einer Sehnsucht nach Harmonie und Dazugehörigkeit sein.

Kinderlose Frauen sollten daher reflektieren, ob ihr Kinderwunsch eventuell daher rührt, dass ihr Umfeld, ihre Familie, Freundinnen und Freunde, Kolleginnen und Kollegen etc. von ihnen erwarten oder sich von ihnen wünschen, dass sie Nachwuchs bekommen. Je nach Freundeskreis ist man vielleicht schon als Single oft das fünfte Rad am Wagen, fühlt sich ausgeschlossen oder hat das Gefühl, nicht mitreden zu können. Wenn alle um einen herum dann noch Kinder bekommen und man selbst keine hat, kann sich vielleicht der Wunsch einstellen, auch zur Eltern-Community dazuzugehören.

Hier müssen Frauen ganz in Ruhe in sich hineinhorchen. Was bedeutet das Leben ohne Kinder für sie? Welche Bedeutung hätte es, Kinder zu haben? Wir wissen, dass es tatsächlich Frauen gibt, die erst nach der Geburt bemerken, woher ihr Kinderwunsch wirklich herrührte. Wenn das Kind geboren ist, merken sie, dass sich ihr Kinderwunsch nur aus dem Frauen-

und Familienbild speiste, das ihnen jahrzehntelang von allen Seiten aufgedrängt wurde. Sie konnten ihre eigenen Bedürfnisse gar nicht mehr spüren. Deshalb ist es wichtig, sich im Vorfeld mit diesen Fragen zu beschäftigen.

Der gesellschaftliche Druck, Kinder zu bekommen, wirkt sich auf Frauen so stark aus, weil Kinderlose diskriminiert und stigmatisiert werden. Die Diskriminierung kinderloser Frauen hat eine lange Geschichte. Schon im Mittelalter wurden Frauen, die keine Kinder bekamen, ausgegrenzt, verachtet und sogar gefürchtet. Und auch heutzutage wird bei dem Thema Kinderlosigkeit und Geburtenrate fast immer auf die Rolle der Frauen verwiesen. Die Rolle der Männer wird gar nicht oder wenig thematisiert.

Kinder zu bekommen oder nicht, scheint im öffentlichen Bewusstsein immer noch eine Frauenfrage zu sein. Die »Schuld« an der niedrigen Geburtenrate wird den Frauen zugeschoben, und nach wie vor ist die Einstellung weit verbreitet, dass nicht nur das Umsorgen des Nachwuchses, sondern auch die Frage, ob und wann man Nachwuchs zeugt, vollständig in der Verantwortung der Frauen liegt.

Die Art und Weise, wie die Gesellschaft mit gewollt kinderlosen Frauen und mit bereuenden Müttern umgeht, ist sehr ähnlich. Beide Gruppen werden schnell als unnormal oder sogar psychisch krank abgestempelt. Weiblichkeit und Mutterschaft gehören offenbar in den Köpfen der meisten Menschen derart untrennbar zusammen, dass Frauen, die keine Kinder wollen, und Frauen, die Kinder haben, dies aber nicht gut finden, als unnatürlich gelten.

Dass Kinderlose derart unter Druck gesetzt werden, ist noch mal ein wichtiger Punkt, den sich Frauen bewusst machen sollten, die planen, ohne Partner ein Kind zu bekommen, weil ihr Kinderwunsch so unglaublich groß ist. Sie sollten sich intensiv – im Zweifelsfall gemeinsam mit einem Coach oder Therapeuten – mit der Frage auseinandersetzen, woher ihr Kinderwunsch wirklich rührt, was sie sich von einem Kind versprechen, welche Vorteile eines Lebens mit Kind sie vielleicht auch aus anderen Bereicherungen ziehen könnten und ob sie auch jenseits des gesellschaftlichen Dogmas Kinder – mit all den Einschränkungen und Schwierigkeiten, die damit einhergehen – bekommen möchten.

Dennoch ist davon auszugehen, dass Frauen, die als Single planen, Mutter zu werden, nicht derart gefährdet sind wie »verpartnerte« Frauen. Immerhin spüren sie nicht nur den gesellschaftlichen Druck, als Frau auch Mutter werden zu müssen. Sie wissen, dass sie sich als Single-Mum sogar ins gesellschaftliche Abseits stellen und gegen den Strom schwimmen. Während sich eine Frau mit Partner durch das Zeugen von Nachwuchs dem idealtypischen Familienbild anpassen kann, haben Single-Mums mit derart vielen Vorurteilen und Gegenwind zu rechnen, dass sie sich von diesem Bild eher weiter entfernen. Wer es also durch seine Familiengründungspläne in Kauf nimmt, als eine Art »Paradiesvogel« beäugt zu werden, wird vermutlich nicht durch die Triebfeder »gesellschaftliche Anerkennung« motiviert.

Regretting Motherhood ist kein rein individualpsychologisches Phänomen

Die Unzufriedenheit von Müttern mit ihrer Mutterrolle oder sogar das Bereuen der Mutterschaft ist kein rein individualpsychologisches Phänomen. Die politischen Rahmenbedingungen in einer Gesellschaft können das Phänomen *Regretting Motherhood* verstärken oder abmildern.

Auf keinen Fall möchte ich den Muttermythos stärken und behaupten, dass eine glückliche Mutterschaft in jedem Fall machbar ist. Wir müssen verstehen und akzeptieren, dass es Frauen (und Männer) gibt, die auch unabhängig von den gesellschaftlichen Umständen, in denen sie leben, keine Kinder bekommen wollen und sich nicht als Eltern sehen. Wenn wir darauf beharren, dass Frauen Kinder bekommen müssen und Kinderlose damit stark unter Druck setzen, dann werden weiterhin Männer und Frauen Eltern werden und später feststellen, dass sie sich lediglich den sozialen Erwartungen gebeugt haben.

Dennoch könnten die politischen Rahmenbedingungen für Mütter verbessert werden und so dazu beitragen, dass weniger Frauen ihre Mutterschaft bereuen. Folgende Maßnahmen wären hierfür beispielsweise geeignet:

1. Der bundesweite Ausbau der Betreuungsplätze (insbesondere auch für Schulkinder) müsste derart vorangetrieben werden, dass sich Eltern keine Sorgen mehr darüber machen müssen, ob sie einen Platz erhalten. Zusagen für Betreuungsplätze müssen den Eltern frühzeitig erteilt werden, damit die Arbeitgeber auch wieder mit den Müttern und Vätern nach der Elternzeit rechnen können.
2. Die Betreuungsgebühren müssten bundesweit einheitlich angeglichen und deutlich gesenkt werden. Hierzu schlage ich das schwedische Modell vor. Dort orientieren sich die Betreuungsgebühren an dem Gehalt der Eltern, für die Betreuung des ersten Kindes zahlt man drei Prozent des Haushaltseinkommens, dieser Betrag ist jedoch bei umgerechnet 137 Euro gedeckelt. Für das

zweite Kind sind es nur noch zwei Prozent (umgerechnet maximal 91 Euro) und für das dritte Kind ein Prozent (umgerechnet maximal 46 Euro).
3. Ich schlage die Einführung eines Wiedereingliederungsmanagements für Mütter nach der Familienphase vor, welches den beruflichen Wiedereinstieg erleichtern soll. Eine staatliche Stelle könnte Mütter dabei unterstützen, mit dem Arbeitgeber den Ausstieg und die anstehende Rückkehr zu planen. Und auch für die Familienphase selbst könnten Kontakthalteprogramme für ArbeitnehmerInnen und Arbeitgeber initiiert sowie Weiterbildungsmaßnahmen angeboten werden.

Natürlich kann damit nicht ausgeschlossen werden, dass Mütter ihre Mutterschaft bereuen. Aber eine Entlastung der Mütter führt in jedem Fall zu mehr Wohlbefinden.

Lernen können wir von den bereuenden Müttern, dass alle Mütter ihre Gefühle beobachten und versuchen sollten herauszufinden, wo ihre persönlichen »Glücksbremsen« liegen. Nur wer so detailliert wie möglich weiß, was ihn stört und stresst, kann nach passgenauen Lösungen suchen und beispielsweise bestimmte Aufgaben reduzieren, delegieren oder vereinfachen.

Wichtig ist auch, die Ansprüche an sich selbst herunterzuschrauben und sich zu fragen: »Was kann und will ich leisten?« statt »Was soll ich leisten?« Dies gilt ganz besonders für alleinerziehende Mütter, die in der Regel über weniger Ressourcen verfügen und dementsprechend auch die Messlatte nicht allzu hoch ansetzen sollten. Darüber hinaus sollte ohne falsche Scham alles, was an Hilfen und Ressourcen auch im eigenen sozialen Netzwerk zur Verfügung steht, in Anspruch genommen werden.

Vom Kinderwunsch lösen?

Jede Frau, die versucht, mittels einer künstlichen Befruchtung schwanger zu werden, sollte sich vorab fragen, ab wann es für sie Zeit wäre, sich von ihrem Kinderwunsch zu verabschieden. Für manche bleibt es bei dieser hypothetischen Überlegung zu Beginn. Sie werden schwanger, bekommen ein Kind und ihre Sehnsucht nach einem eigenen Kind ist gestillt. Andere Frauen müssen sich früher oder später von ihrem Kinderwunsch lösen. Sei es, weil sie feststellen, dass sie nicht bereit sind, für dieses Bedürfnis so viele Anstrengungen und Entbehrungen und Risiken in Kauf zu nehmen, oder weil sie nach vielen erfolglosen Behandlungszyklen einen Ausstieg aus den reproduktionsmedizinischen Bemühungen finden müssen.

Woher kommt der Kinderwunsch?

Die Frage, woher ihr Kinderwunsch tatsächlich rührt und was sie sich genau von einem Kind verspricht, muss natürlich jede Frau für sich selbst beantworten. Um der Antwort auf die Spur zu kommen, kann es helfen, sich mit den verschiedenen Vorstellungen der Expertinnen und Experten auseinanderzusetzen. So sehen einige Experten den Kinderwunsch als stark gesellschaftlich geformt an, während ihn andere für einen natürlichen Bestandteil unserer Biologie halten.

Zuerst zu Letzterem: Man kann nicht abstreiten, dass unsere Körper über gewisse Funktionen verfügen. Es ist ein Phänomen der Moderne, dass wir diese Funktionen nicht notgedrungenerweise ausüben müssen. Während wir zum Atmen und Essen regelrecht von unseren Körpern gezwungen werden, unterliegt die Fortpflanzung keinem (überlebensnotwendigen) Zwang. Hier könnte man lediglich einwenden, dass es bei der Fortpflanzung zwar nicht um das Überleben jedes Einzelnen von uns geht, sondern um das allgemeine Überleben unserer Art. Trotzdem ist sicher nicht zu bestreiten, dass unser eigener individueller Überlebenstrieb deutlich ausgeprägter ist als unser Fortpflanzungstrieb. Im Angesicht von Gefahr und Tod werden sicherlich Fluchtreflexe ausgelöst, die uns schützen und unsere Lebensdauer verlängern sollen. Ganz bestimmt werden in solchen Situationen keine Fortpflanzungswünsche verstärkt, um noch schnell das Überleben der Art zu sichern.

Zum anderen wurde durch die Erfindung von Verhütungsmitteln und die Möglichkeit, diese relativ einfach zu bekommen und anzuwenden, der Sexualtrieb von der Fortpflanzung abgekoppelt, sodass das Zeugen von Nachwuchs zum Selbstzweck wurde. Man hat also heute die Wahl, ob man Kinder bekommen will oder nicht. In dem Zusammenhang fragt denn auch Jesper Juul, »wie wir selbst unsere Entscheidung für Kinder eigentlich begründen und warum die drohende Möglichkeit, sie nicht zu bekommen, derart unerträglich ist«.[1]

Eine ähnliche Entwicklung gab es im Bereich des Stillens. Ob eine Frau stillen will oder nicht, kann sie letztlich selbst entscheiden. Ihr Körper zwingt sie nicht dazu. Früher war das Stillen die einzige Möglichkeit, mit der man sein Baby ernähren konnte. Heutzutage riskiert eine Frau nicht mehr das Verhungern ihres Babys, wenn sie es nicht stillt. Es gibt andere Möglichkeiten, ein Baby zu füttern. Und somit ist erstmals in der Menschheitsgeschichte die Möglichkeit gegeben, selbst zu entscheiden, welche Option man wählen möchte.

Dass es einen »Urtrieb« gibt, der wie eine Art biologisches Programm in jedem Menschen wirkt und uns dazu bringt, um jeden Preis Nachwuchs zu wollen, möchte ich stark anzweifeln. Fest steht ja, dass es Menschen gibt, die keine Kinder bekommen wollen, die sich sogar aus glücklichen Beziehungen lösen, weil sich der Partner Kinder wünscht, oder die abtreiben, weil sie (zumindest zu diesem Zeitpunkt) nicht schwanger sein möchten. Würden wir einzig und allein von einem biologisch ausgelösten Fortpflanzungstrieb gesteuert, dann müssten doch alle Menschen den starken Wunsch nach Nachwuchs verspüren. Dies ist nicht der Fall. Zudem schwankt der Kinderwunsch auch in den unterschiedlichen Ländern und Kulturen. Deshalb muss von einer deutlichen kulturellen Komponente ausgegangen werden, die einen Kinderwunsch hemmen oder fördern kann.

Bei der Frage nach einem Ursprung des Kinderwunsches dürfen die gesellschaftlichen Rahmenbedingungen nicht außer Acht gelassen werden. Fest steht, dass wir in einer Gesellschaft leben, die Kinderlosigkeit als unnormal und egoistisch darstellt und Kinderlose regelrecht bedrängt, Kinder zu bekommen. Insbesondere Frauen berichten, dass sie ab Ende 20/Anfang 30 von ihrem gesamten Umfeld und auch oft genug von Fremden immer und immer wieder darauf angesprochen werden, wann sie denn nun endlich Nachwuchs bekommen oder weshalb sie denn keine Kinder planen, denn es wäre ja schließlich so schön, ein Kind zu haben.

Neben diesem gesellschaftlichen Druck, der einen Kinderwunsch zumindest verstärken kann, benennen viele Frauen auch noch andere Motive für ihren Kinderwunsch: Einige möchten im Alter nicht allein sein und versprechen sich von Kindern zumindest die Möglichkeit, später gepflegt und umsorgt zu werden. Dies gilt noch stärker für Frauen als für Männer. Es ist nun mal Fakt, dass Frauen eine höhere Lebenserwartung haben als Männer und zudem im Durchschnitt häufig mit Männern in einer Beziehung leben, die ein wenig älter sind als sie selbst. So müssen sich Frauen theoretisch darauf einstellen, dass – auch wenn ihre Partnerschaft ein Leben lang hält – sie vielleicht die letzten zehn Jahre ihres Lebens alleinstehend sein werden. Während Männer darauf hoffen können, dass ihre Partnerinnen sie eines Tages pflegen werden, haben Frauen diese Möglichkeit oft nicht. Und selbst wenn der Partner noch leben sollte, gesund oder auch jünger ist, wenn man pflegebedürftig wird: Pflege- und Fürsorgearbeit sowohl im privaten als auch im beruflichen Bereich wird nach wie vor hauptsächlich von Frauen erledigt. Männer pflegen ihre Partnerinnen nur äußerst selten. Deshalb stellt sich die Frage, wer sich im Alter um einen kümmert, für Frauen noch mal mit einer besonderen Schärfe.

Weit verbreitet ist auch die Motivation bzw. der (oft unbewusste) Wunsch, sich selbst zu heilen oder auch Aspekte, die in der eigenen Kindheit nicht gut gelaufen sind, wiedergutzumachen. Auch der Wunsch nach bedingungsloser Liebe kann ein Grund für den Kinderwunsch sein, ebenso wie das Bedürfnis, von einem anderen Menschen völlig gebraucht zu werden. Die Vorstellung einer idyllischen Mutter-Kind-Beziehung als Gegenentwurf zu der eigenen vielleicht lieblosen oder kalten Kindheit scheint für manche eine Art Zufluchtsort. Sie möchten das, was sie selbst nicht hatten, nun doch noch erleben: nur mit einer anderen Rollenverteilung – diesmal als Elternteil und nicht als Kind.

Aber auch Überlegungen zur eigenen Identität und zum Lebenssinn spielen in den Kinderwunsch hinein. Ob man ein Kind bekommt oder kinderlos bleibt, ist mitnichten nur ein Aspekt in der Vita. Im Stufenmodell der psychosozialen Entwicklung des amerikanischen Psychoanalytikers Erik H. Erikson spielt die Phase des mittleren Lebensalters eine nicht zu unterschätzende Rolle: Sie wird gekennzeichnet von der Aufgabe, sich mit dem eigenen Platz in der Gesellschaft bzw. im Leben zu beschäftigen. Elternschaft ist also auch eine Identitätsfrage: Wer bin ich? Was ist meine Aufgabe in der Welt, in der Gesellschaft? Was gebe ich anderen? Was erschaffe ich an Neuem? Was gebe ich anderen von mir und meinen Fähigkeiten und Erkenntnissen weiter? Wie wirke ich in der Welt? Was wird von mir zurückbleiben?

Bei vielen dieser angeführten Motive sollten sich Frauen zwei Fragen stellen:

1. Ist für das Erfüllen dieses Wunsches/Bedürfnisses ein Kind notwendig oder können meine Bedürfnisse nach Nähe, Heilung oder Pflege im Alter nicht auch anders erfüllt werden?
2. Kann und sollte ein Kind diese Bedürfnisse überhaupt erfüllen? Ist es ihm überhaupt möglich, mich bedingungslos zu lieben oder mich später zu pflegen? Sollte

ich einem Kind tatsächlich meine eigenen Wünsche – wenn vielleicht auch unausgesprochen – aufbürden?

Man sollte die Erkenntnis berücksichtigen, dass viele Eltern erleben, dass Kinder kein Garant für ein glückliches Leben sind. Kinder können einen nicht vor Sinnzweifeln, Einsamkeit oder Enttäuschungen schützen. Um die Suche nach der eigenen Identität muss man sich letztlich selbst bemühen. Diese können einem auch eigene Kinder nicht abnehmen.

Insbesondere für Singlefrauen stellt sich die Frage, ob ihr Kinderwunsch auch getrennt von der Vorstellung, in einer Vater-Mutter-Kind-Konstellation zu leben, existiert. Wäre ein Kind auch erstrebenswert, wenn es allein großgezogen werden muss? Ist das, was man so stark vermisst, tatsächlich ein Kind an sich oder handelt es sich um die Trauer darüber, dass der ursprüngliche Lebensentwurf – einen Partner finden, heiraten, gemeinsam Kinder bekommen – sich nicht zu verwirklichen scheint? Denn man muss sich vor Augen halten, dass sich das Leben, welches man als Single-Mum führen wird, deutlich von dem Leben als Vater-Mutter-Kind-Einheit unterscheiden wird. Wer als Single ein Kind bekommt, setzt eben nicht einen Teil seiner Pläne um, sondern hat es mit einem stark modifizierten Plan zu tun. Daher müssen Frauen sich die Frage stellen, ob sie zwar einen starken Kinderwunsch haben, diesen jedoch ausschließlich mit Partner umsetzen würden. Es wäre denkbar, dass die Trauer darüber, dass der Plan einer Familie mit Mutter, Vater und Kindern nicht aufgeht, mit dem weiteren Verfolgen des Kinderwunsches kompensiert werden soll.

Auch kann die Sehnsucht nach Liebe durch einen Partner mit in den Kinderwunsch hineinspielen. Manche Singlefrauen sind enttäuscht und traurig darüber, dass sie keinen Partner haben bzw. eventuell auch schon länger keinen gefunden haben. Denkbar ist, dass das Kind dann als eine Art Partnerersatz herhalten soll. Dann würde es sich eigentlich um den Wunsch handeln, einen anderen Menschen zu haben, der zu einem gehört, der bleibt und nicht mehr geht, der mit einem eine Art Team bildet und mit dem man auch öffentlich als Zweiergespann auftreten kann. Dahinter steckt der Gedanke an die Symbiose, die Verschmelzung mit einem anderen Menschen. Findet sich kein Partner für die Befriedigung dieses Bedürfnisses, könnte dies einen Kinderwunsch verstärken.

Wenn der Kinderwunsch zur Belastung wird

Bei manchen Frauen ist der Kinderwunsch so stark, dass die Ungewissheit, ob er erfüllt wird, sie sehr belastet. Sich von der Vorstellung, ein eigenes Kind zu haben, verabschieden zu müssen, oder zumindest dieses Szenario wie eine drohende Gefahr im Rücken zu spüren, kann Trauer, Wut und Verzweiflung auslösen. Einigen Frauen macht auch das Gefühl zu schaffen, dass die »Lebenskette« abreißt. »Das letzte Glied zu sein, keine Frucht zu tragen, fühlt sich bitter an und kann Gefühle der Sinnlosigkeit hervorbringen.«[2]

Manchmal führt der enorme Kinderwunsch dazu, dass Frauen Schwierigkeiten haben, sogar nach vielen erfolglosen Behandlungszyklen ihren Kinderwunsch und die damit verbundenen Versuche, ihn zu erfüllen, aufzugeben. Es ist eine Entscheidung, die hierbei von den Frauen verlangt wird. Denn ebenso wie sie heutzutage die Möglichkeit haben, sich für eine künstliche Befruchtung zu entscheiden und damit den ehemals »natürlichen Lauf der Dinge« in ihrem Sinne zu ändern, sind es die Frauen, die dann auch die Entscheidung für die

Kinderlosigkeit treffen müssen. Sie müssen entscheiden, wie viele Anstrengungen und wie viel Zeit sie in diesen Wunsch investieren wollen und ab wann der Kinderwunsch eventuell pathologisch und der Versuch, ein Kind zu bekommen, zu einer aussichtslosen Jagd im Hamsterrad wird, die das gesamte Leben und den Lebenssinn bestimmt.

Die Entscheidung zum Ausstieg aus der Reproduktionsmedizin kann mitunter noch deutlich schwieriger sein als die Entscheidung, mit künstlichen Befruchtungsversuchen zu beginnen. Schließlich steht am Anfang der Behandlungszyklen ein starker Kinderwunsch, der einem als Motivation dient, die Belastungen auf sich zu nehmen. Um die Belastungen auszuhalten und den emotionalen Stress besser zu verkraften, wird man sich bewusst oder unterbewusst den Kinderwunsch noch größer reden, als er ist – damit man genügend Kraft und Motivation hat und einem nicht nach ein oder zwei Behandlungszyklen auf halber Strecke die Luft ausgeht.

Um eine Reihe erfolgloser Versuche zu beenden, indem man seinen Wunsch nach Nachwuchs begräbt, muss die Psyche dann quasi Vollgas in die entgegengesetzte Richtung geben. Die Frauen müssen wieder beginnen, die Belastungen und Anstrengungen zu spüren, die eigenen Grenzen wahrzunehmen und den Kinderwunsch zu relativieren. Sie müssen sich irgendwann gegen einen weiteren Behandlungszyklus entscheiden und damit die genau entgegengesetzte Entscheidung treffen wie noch zu Beginn der Behandlungen. Hinzu kommt, dass sie zu diesem Zeitpunkt bereits sehr viel an Zeit, Geld sowie Kraft in ihren Traum investiert und auch aus emotionaler Sicht deutlich Federn gelassen haben.

Der Autor Martin Spiewak kritisiert, dass sich die Reproduktionsmedizin zu wenig mit der psychologischen Betreuung ihrer Patientinnen und mit der Hilfe beim Ausstieg beschäftigt. Seiner Ansicht nach ist es die Aufgabe der Mediziner, zu große Erwartungen in die Fortpflanzungsmedizin zu dämpfen. Doch jene heizen manchmal mit Durchhalteparolen und Versprechungen die Hoffnungsspirale weiter an.

Die Reaktionen des Umfelds

Viele Frauen mit unerfülltem Kinderwunsch bemängeln die teilweise unsensiblen Reaktionen und das Unverständnis ihres Umfeldes. Der Umgang des Freundes- und Familienkreises mit diesem Thema kann daher zusätzlich verletzen. Das Ignorieren oder Verharmlosen dieses Schmerzes von anderen lässt ihn umso größer werden. Doch aus der Perspektive der Erschöpfung und Überforderung heraus, die diese anderen vielleicht erdulden, ist es schwierig, Verständnis für jene aufzubringen, die sich das Lebensmodell, unter dem man selbst phasenweise leidet, sehnlichst herbeiwünschen. Wenn man dann noch bedenkt, dass rund 20 Prozent der Eltern ihre Elternschaft sogar bereuen, dann kann dies erklären, weshalb es manchen Vätern und Müttern vielleicht schwerfällt, mit einer Freundin und ihrer unerfüllten Sehnsucht nach einem Kind mitzuleiden bzw. mitzufühlen. Zudem empfinden viele Eltern im Nachhinein ihren eigenen einstigen Kinderwunsch als unrealistisch überhöht. Nun, da sie den Alltag als Eltern kennen, wissen sie, dass das, was sie sich einst so idyllisch und harmonisch vorgestellt und herbeigesehnt haben, in der Realität weit weniger märchenhaft daherkommt. Hinter dem mangelnden Mitgefühl könnte also auch noch ein wenig Anmaßung und das Gefühl der Überlegenheit, was den Erfahrungsschatz angeht, stecken. Ganz nach dem Motto: »Du wünschst dir etwas, was du gar nicht kennst und nicht realistisch einschätzen kannst. Wir hingegen wissen, wovon du redest und träumst, kennen aber auch die Realität. Daher sind wir viel abgeklärter und können den Happyness-Faktor, der vom Eltern-Dasein ausgeht, viel besser einschätzen als du als kinderlose Frau.«

Frauen mit unerfülltem Kinderwunsch sollten sich generell nicht zu sehr auf die Vorstellung versteifen, andere müssten die Verzweiflung ihrer Lage erkennen und mit ihnen mitfühlen. Umgekehrt könnten schließlich auch bereuende und unglückliche Eltern bemängeln, dass ihre Freundinnen mit unerfülltem Kinderwunsch wiederum ihren Frust über das Elternsein nicht sehen, anerkennen oder ernst nehmen. Ratsam ist es, falls man sich mehr Mitgefühl und Verständnis für die eigene Lage wünscht, nicht im Stillen zu leiden, sondern ein sensibles Gespräch mit Familie und Freunden zu führen.

Mit der Enttäuschung umgehen

Wenn feststeht, dass man sich gegen Befruchtungsbehandlungen bzw. das Projekt Single-Mum entschieden hat oder eine Reihe von erfolglosen Behandlungszyklen abbricht, geht es um die Frage, wie man nun mit der Erkenntnis, dass man aller Wahrscheinlichkeit nach kinderlos bleiben wird, umgeht.

Allgemein ist es ratsam, den Kinderwunsch und die Trauer und Enttäuschung nicht zu verdrängen, sondern sich mit ihnen zu beschäftigen. Der Versuch, den Schmerz lediglich zu verdrängen, muss scheitern. Zur Verarbeitung ist eine intensive Auseinandersetzung unerlässlich. Dies ist natürlich bei allen Schwierigkeiten und emotionalen Belastungen der Fall. Wann auch immer man einen großen Wunsch oder einen Lebensplan aufgeben muss oder einen etwas sehr belastet, ist es stets ratsam, sich damit zu beschäftigen, statt die Verletzung zu verdrängen.

Die Auseinandersetzung mit dem Kinderwunsch hilft auch bei der eigenen Identitätssuche, denn sie bedeutet, dass man sich selbst erforscht und herausfindet, was man vom Leben erwartet und welche Aspekte einem im Leben besonders wichtig sind. Das Erörtern dieser Fragen wiederum ermöglicht auch das Abwägen von alternativen Lösungen für die eigenen Wünsche und Bedürfnisse. Gerade ungewollt Kinderlose können ihre Situation auch als Chance begreifen, sich auf so intensive Art und Weise mit ihrem Kinderwunsch auseinanderzusetzen, wie es die meisten Frauen und Männer vermutlich nicht tun. Dabei können sie ihre ganz eigene und individuelle Antwort darauf finden, was sie genau wollen, welcher Weg der für sie passendste ist und wo ihre persönlichen Grenzen liegen.

Selbstverständlich ist es auch in einer Gesellschaft, die die Machbarkeit und Optimierbarkeit für jeden Lebensbereich propagiert, völlig legitim zu entscheiden: Ich habe einen Kinderwunsch, aber wenn ich diesen nicht von Beginn an mit einem Partner realisieren kann, dann möchte ich ihn lieber gar nicht realisieren. Die medizinischen Möglichkeiten sollen nicht zu einem Zwang werden. Eine Frau, die kinderlos ist, aber einen Kinderwunsch hat, sich jedoch gegen reproduktionsmedizinische Behandlungen entschieden hat, darf nicht in die Lage geraten, dass sie ihre »Untätigkeit« rechtfertigen muss. Tatsächlich neigen wir nämlich dazu zu erwarten, dass Menschen alles Erdenkliche tun, um ihre Ziele und Pläne zu verwirklichen. Und so könnte es passieren, dass die Ablehnung der Fortpflanzungsmedizin als Makel wahrgenommen wird. So als würde die Frau nicht selbst versuchen, ihre Probleme zu lösen, obwohl dies doch theoretisch machbar wäre. Doch wer sich gegen Fortpflanzungsbehandlungen entscheidet, ist nicht gescheitert oder nicht ehrgeizig und zielstrebig genug.

Es ist das gute Recht einer jeden Frau, sich gegen Kinder zu entscheiden – auch wenn ihr das schwerfällt.

Die meisten Frauen wünschen sich eben nicht ein Kind um jeden Preis. Es geht darum, einen Weg zu beschreiten, auf dem man sich bewusst macht, was man bereit ist, auf sich zu nehmen und was einen zu weit von seinem Wunsch entfernen würde. Wer hier ehrlich zu sich selber ist, den Schmerz erspürt und aushält und sich mit ihm beschäftigt, der ist auf dem richtigen Weg zur Heilung und Versöhnung. Und so können dann auch viele Frauen nach einer Phase der großen Trauer entdecken: Es ist möglich, auch ohne Kind ein glückliches Leben zu führen.

Expertinnen empfehlen zu erforschen, welche Aktivitäten und Unternehmungen oder auch Lebenssituationen einen selbst glücklich machen – jenseits vom Kinderwunsch. Es geht dabei auch um eine Sinnsuche: Wie könnte mein Leben auch ohne Kind erfüllt verlaufen? Was – außer dem Zeugen von Nachwuchs – kann meinem Leben einen Sinn verleihen? Was könnte mir Spaß machen? Vielleicht bestimmte Reisen oder bestimmte Aktivitäten mit »fremden« Kindern?[3]

Eine Langzeitstudie von 1987, die über 40 Jahre lang ungewollt kinderlose Männer begleitet hat, kam zu dem Ergebnis, dass unter bestimmten Voraussetzungen ein glückliches Leben für sie deutlich wahrscheinlicher war: »Diejenigen, die ihren Wunsch in die Sorge um andere Menschen oder Tiere umleiten konnten, anstatt ihn mit selbstzentrierten Aktivitäten wie Sport zu kompensieren, hatten eine höhere Wahrscheinlichkeit, eine glückliche Beziehung zu führen und später ein Kind zu adoptieren.«[4]

Damit wird eine Lebenseinstellung beschrieben, die besagt, dass man dem Leben und den Menschen zugewandt bleibt und sich nicht in Einsamkeit und Isolation flüchtet. Das heißt auch, mit den Anteilen in sich in Kontakt zu bleiben, die in enger Verbindung mit dem Kinderwunsch stehen: nämlich mit dem Wunsch, sich um andere Wesen zu sorgen und zu kümmern. Es findet also keine Abspaltung dieser Anteile statt. Sie werden vielmehr angenommen und dann in alternativen Lebensbereichen gelebt.

Dieses »In-Kontakt-Bleiben« bezieht sich auch auf die Zeit, die die ungewollt Kinderlosen mit Kindern anderer Menschen verbringen. Schlussendlich macht es glücklicher, sich um Nichten und Neffen, um die Kinder von Freunden und Bekannten oder auch um Nachbarskinder zu kümmern oder ehrenamtlich in der nahe gelegenen Schulbibliothek zu arbeiten und mit Kindern Zeit zu verbringen, als sich von Kindern, Eltern und Schwangeren zurückzuziehen.

Wer sich von seinem Kinderwunsch lösen will oder muss, geht nicht unbedingt den leichteren Weg. Für viele Frauen ist dies eine schwere Phase mit enormen emotionalen Belastungen, die sie mit sich ausmachen müssen. Wichtig zu wissen ist, dass auch bei seelischen Erkrankungen, die aufgrund eines unerfüllten Kinderwunsches auftreten, eine Therapie sinnvoll sein kann und die Kosten hierfür von den Kassen übernommen werden.

Es kann sein, dass manche Frauen diese therapeutische Begleitung bei der Verabschiedung ihres Kinderwunsches brauchen. Sie sollten sie auf jeden Fall in Anspruch nehmen, wenn sie den Eindruck haben, dass sie ihnen helfen könnte. Wer dann am Ende – ob mit oder ohne therapeutische Unterstützung – so weit ist, Zeit mit den Kindern anderer zu genießen, der hat es geschafft, sowohl seinen eigenen Kinderwunsch als auch die Nichterfüllung dieses Wunsches zu akzeptieren und in sein Leben zu integrieren.

Fazit:
Dann mache ich es halt alleine!

Ich hoffe, dass nach all diesen Ausführungen klar geworden ist, dass das Thema »Künstliche Befruchtung bei Singlefrauen« sehr viele verschiedene Aspekte umfasst. Bevor eine Frau dieses Projekt angeht, muss sie viele Fragen überdenken und ihren eigenen Kinderwunsch genauer beleuchten.

Da wären zum einen die objektiven Möglichkeiten: Was ist rechtlich machbar? Wo und unter welchen Bedingungen kann eine Alleinstehende sich künstlich befruchten lassen? Welche medizinischen Abläufe sind zu erwarten und mit welchen Nebenwirkungen ist zu rechnen?

Sinnvoll ist es auch, sich mit den Hintergründen unseres derzeitigen Familien- und Mutterbildes vertraut zu machen und sich zu fragen, was man selbst damit verbindet. Wer sich mit den Ursachen des sich verändernden Beziehungsverhaltens in unserer Generation vertraut macht, kann die Last auf seinen Schultern vielleicht zusätzlich verringern. Denn keine Frau muss sich schuldig fühlen oder das Gefühl haben, versagt zu haben, weil sie keinen Partner zur Familiengründung gefunden hat. Es ist wichtig, hier die gesellschaftlichen und psychischen Einflüsse und Faktoren nicht außer Acht zu lassen.

Frauen gehen immer noch viel zu oft mit der Vorstellung auf Partnersuche, eine langfristige, heterosexuelle, monogame Beziehung mit der Absicht, gemeinsam eine Zukunft zu planen und Kinder zu bekommen. Dies war vor 50 bis 60 Jahren noch der Fall, heutzutage haben wir es jedoch mit einer völlig veränderten Beziehungs-, Liebes- und Familienlandschaft zu tun. Wer keinen Partner findet, ist ganz sicher kein Exot oder Versager. Das passiert inzwischen immer mehr Frauen (und manchmal auch Männern).

Zum anderen sind es sehr persönliche Fragen, die sich Singlefrauen mit Kinderwunsch stellen (sollten): Woher kommt mein Kinderwunsch? Was verbinde ich genau mit dem Zeugen von Nachwuchs und dem Leben mit einem Kind? Was bedeutet Familie für mich? Was mute ich mir und dem Kind mit diesem Weg zu? Was bin ich bereit, in Kauf zu nehmen, um ein Kind zu bekommen? Welche emotionalen, sozialen und finanziellen Ressourcen werde ich benötigen, und verfüge ich auch über diese?

In der Fachliteratur wird immer wieder beschrieben, dass es sich keine der Singlemütter leicht gemacht hat mit der Frage, ob sie auch ohne Partner ein Kind bekommen möchte und sich dabei von der Reproduktionsmedizin unterstützen lässt. Ebenso scheint keine für Studien befragte Single-Mum ihre Entscheidung bereut zu haben. Wie wir am Beispiel des Themas *Regretting Motherhood* gesehen haben, ist dies aber eine Folge, mit der man rechnen muss. Bekannt ist allerdings, dass es sogar Frauen gibt, die derart zufrieden mit ihrem Leben als Single-Mum waren, dass sie auf diesem Wege noch ein weiteres Kind bekommen haben.

Dass die Single-Mums grundsätzlich mit ihrer Entscheidung, sich künstlich befruchten zu lassen, glücklich und zufrieden sind, liegt sicher nicht nur daran, dass sie sich den großen Traum vom Nachwuchs erfüllen konnten. Es ist auch zurückzuführen auf die Lebensumstände der meisten Frauen, die sich trauen, mithilfe der Reproduktionsmedizin im Alleingang Mutter zu werden. In den Studien über Solomütter wurde aufgezeigt, dass es sich meist um Frauen handelt, die überdurchschnittlich gebildet sind und aus stabilen und gesicherten Verhältnissen stammen. Die meisten Single-Mums sind finanziell abgesichert und gut situiert.[1] Sie verfügen über ausreichend Kapitalvermögen und über einen gut bezahlten, sicheren Job, der auch in Zukunft für ihr Auskommen sorgen wird. Und auch den Kindern geht es laut der bisher nur begrenzten Forschung zu diesem Thema gut.

Da wir wissen, dass sich Singlefrauen intensiv über einen längeren Zeitraum mit all den oben genannten Fragen auseinandergesetzt haben, bevor ihr Entschluss für die künstliche Befruchtung fiel, ist anzunehmen, dass es auch genügend Frauen gibt, die sich am Ende gegen die Behandlungen entschieden, und daher auch in keiner Studie oder Befragung mit Single-Mums auftauchen. Hier wäre es interessant, auch von wissenschaftlicher Seite nicht nur die Frauen zu untersuchen und zu interviewen, die den Schritt gewagt haben, sondern alle Frauen in die Studien miteinzubeziehen, die sich jemals ernsthaft die Frage gestellt haben, ob sie sich als alleinstehende Frau künstlich befruchten lassen würden. Fest steht, dass es eine steigende Nachfrage gibt und nicht länger ignoriert werden kann, dass es insbesondere aufgrund der veränderten gesellschaftlichen Rahmenbedingungen und unseren neuen Vorstellungen von Beziehung und Bindungen Singlefrauen gibt, die sich von der Reproduktionsmedizin zum Nachwuchs verhelfen lassen möchten. Eine Unterstüt-

Fazit: Dann mache ich es halt alleine!

zung wäre für diese Frauen sicherlich, wenn die Gesetzgebung sich intensiver mit diesem Thema auseinandersetzen würde, statt es so stiefmütterlich zu behandeln wie dies derzeit der Fall ist.

Und auch politische Verbesserungen für die Situation von Alleinerziehenden kämen den Single-Mums entgegen. Folgende Maßnahmen sind dringend notwendig:

- Die Möglichkeit, dass in allen deutschen Bundesländern Singlefrauen künstlich befruchtet werden dürfen.
- Die Erhöhung des Entlastungsbetrags für Alleinerziehende.
- Die Abschaffung des Ehegattensplittings.
- Flexiblere und günstigere Kinderbetreuung für alle Eltern, aber spezielle Entlastungen für Alleinerziehende.
- Einen Alleinerziehenden-Ausgleich bei den Rentenpunkten.

Ein weiterer familienpolitischer Aspekt ist der Unterhaltsvorschuss. Dieser wird bei Frauen, die sich bewusst als Single für ein Kind und eine künstliche Befruchtung entschieden haben, nicht gezahlt. Es ist nicht logisch oder gerecht, dass es Unterhaltsvorschuss für Kinder gibt, die bei One-Night-Stands mit Unbekannten gezeugt wurden, er aber den Kindern, die aus einer Samenspende hervorgingen, verweigert wird.

Es sollte also auch Unterhaltsvorschuss für Kinder von Single-Mums geben. Dieser wurde bislang maximal sechs Jahre und beschränkt bis zum Lebensalter von zwölf Jahren gezahlt. Der Betrag liegt derzeit zwischen 145 Euro bis maximal 194 Euro. Bezüglich des Unterhaltsvorschusses haben sich nun aktuell Verbesserungen ergeben. Unter Familienministerin Manuela Schwesig wurde der Plan entworfen, ab 2017 den Unterhaltsvorschuss bis zum 18. Lebensjahr zu zahlen, auch die Begrenzung der Bezugsdauer auf sechs Jahre soll wegfallen.[2] Dies ist natürlich eine deutliche Verbesserung – bei den *Single Mums by Choice* kommt diese aber nach wie vor leider nicht zum Tragen.

Die Entscheidung, ob eine Frau per Samenspende ohne Partner eine Familie gründen möchte, kann ihr niemand abnehmen. Und so sollen auch hier Frauen in keine Richtung gedrängt oder von einem Lebensmodell überzeugt werden. Es geht darum, Möglichkeiten und Alternativen aufzuzeigen zu dem klassischen Vater-Mutter-Kind-Modell und Auswege aus einer Lage zu erörtern, in die die Frauen nicht willentlich geraten sind und an der sie auch wenig ändern können. Frauen sollen ermutigt werden, sich nicht länger als Opfer der Umstände mit der ungewollten Kinderlosigkeit resigniert abzufinden, sondern sich vielmehr mit verschiedenen Lösungsmöglichkeiten auseinanderzusetzen.

Es ist gut und wichtig, dass sich so viele Frauen mit Kinderwunsch und ohne Partner mit diesem Thema intensiv auseinandersetzen und keine leichtfertigen Entscheidungen treffen. Allein dieser Umstand spricht schon für ihre Qualitäten als Mutter.

Während es für einige der richtige Weg sein wird, eine künstliche Befruchtung zu wagen, werden sich andere dagegen entscheiden. Es gibt auch weitere Alternativen, die den Wünschen mancher Frauen vielleicht mehr entsprechen. Zum einen ist es natürlich denkbar, dass doch noch ein Partner für die Familiengründung gefunden wird, bevor die biologische Uhr der Frau restlos abgelaufen ist. Zum anderen wäre es auch denkbar, dass später ein Partner gefunden wird, der vielleicht selbst eigene Kinder aus einer früheren Beziehung in die Partnerschaft einbringt oder mit dem gemeinsam ein Kind adoptiert werden kann. Auch die Co-Elternschaft ist eine Option, über die sich Singlefrauen Gedanken machen können.

Eine weitere zukunftsträchtige Möglichkeit könnte das sogenannte Social Freezing darstellen, bei dem Frauen (meist bis Mitte 30) ihre Eizellen einfrieren lassen und diese später – auch jenseits der Menopause – für eine Schwangerschaft verwenden können. Immer wieder gibt es Berichte von Frauen – häufig von Prominenten –, die noch mit über 50 Jahren auf diese Weise schwanger wurden. Ob diese Möglichkeit auch genutzt werden sollte, ob sie im Sinne der Kinder und Eltern ist, und welche ethischen Fragestellungen sich wiederum ergeben, wenn Mütter bzw. Eltern in diesem Alter noch Kinder bekommen, kann an dieser Stelle nicht diskutiert werden. Interessant ist es allerdings auch hier wieder, die Geschlechterperspektive einzunehmen: Denn wird eine Frau mit 47 Jahren noch Mutter, entbrennt schnell eine Diskussion über ihre Aufgaben, über die Schwierigkeiten, die ihr Alter mit sich bringt, darüber, wie alt sie sein wird, wenn ihr Kind volljährig wird oder mit der Schule fertig ist etc. Wird ein Mann jedoch mit 47 Jahren Vater, so interessiert sein Alter kaum und ganz sicher würde es nicht derart öffentlich thematisiert und kritisiert. Noch ist das Social Freezing aber kein Massenphänomen. Denn erst seit 2013 entstehen überhaupt Eizellenbanken in Deutschland. In den USA machten die Konzerne Apple und Facebook indes schon vor wenigen Jahren damit Schlagzeilen, dass sie ihren Mitarbeiterinnen das Einfrieren der Eizellen bezahlen.[3] Diese Entwicklung wurde durchaus kontrovers diskutiert. Fest steht jedoch: Ein guter Teil insbesondere der jüngeren Bevölkerung findet das Angebot der US-Unternehmen gut und hat Verständnis für die Lage der

Frauen. Die Zukunft wird zeigen, ob diese Alternative tatsächlich für eine gewisse Gruppe gangbar ist und wie sich die gesellschaftlichen Reaktionen vielleicht auch verändern werden.

Dank

Als Erstes möchte ich mich für die Möglichkeit, dieses Buch zu veröffentlichen, bei der Münchner Verlagsgruppe bedanken. Ganz besonderer Dank gilt meiner Lektorin, Daniela Riepe, die mir mit zahlreichen Tipps und Vorschlägen zur Seite stand und sich mit viel Engagement und Leidenschaft in das Thema eingearbeitet hat.

Außerdem gilt mein Dank meinen Eltern und Dr. Kolja Frey dafür, dass sie mir den Rücken freigehalten haben. Für Zuspruch und Ratschläge danke ich Nadine Hering, Almut von Lienen, Katharina Pahl und Elisabeth Andrich.

Meinen Kindern, Alexis und Svea, danke ich für ihre Liebe, ihr Verständnis und ihre Nachsicht.

Anmerkungen

Single-Mums – ein neues Phänomen

1. Das Durchschnittsalter der Mutter bei der Geburt des ersten Kindes lag im Jahr 2015 bei 29,6 Jahren, während es 1991 noch 26,9 Jahre waren. Vgl. Gender Datenreport des Bundesministeriums für Familie, Senioren, Frauen und Jugend. Vgl. Destatis Statistisches Bundesamt.
2. Vgl. Michael Nast: *Generation Beziehungsunfähig*.
3. Vgl. (Muster-)Richtlinie zur Durchführung der assistierten Reproduktion.
4. Vgl. Forschung: Künstliche Befruchtung.
5. Vgl. Eva Meschede: »Das Mama-Kind«. Vgl. Harald Hordych: »Mama, Plastikbecher, Kind«.
6. Zit. in: Eva Meschede: »Das Mama-Kind«.
7. Zit. in: Anya Steiner: *Mutter – Spender – Kind*, S. 15.
8. Vgl. Institut für Demoskopie Allensbach: *Monitor Familienleben 2012*, S. 38.
9. Vgl. »›Regretting Parenthood‹. Wenn Eltern ihre Kinder lieben – das Kinderkriegen aber bereuen«.

Von der Hausfrauenehe zur selbstbestimmten Mutterschaft

1. Vgl. Louisa Lang: *Mutterliebe. Nur ein Mythos?*, S. 8.
2. Vgl. Martin R. Textor: »Wohin mit meinem Kind?« Vgl. Christina Berndt: »Krippen schaden nicht«.

Anmerkungen

3. Vgl. Susie Reinhardt: »Kindheit ist nicht das ganze Leben«, S. 10.
4. Vgl. Andrea Maihofer: »Was wandelt sich im aktuellen Wandel der Familie?«, S. 386.
5. Vgl. Louisa Lang: *Mutterliebe. Nur ein Mythos?*, S. 7f.
6. Vgl. Herrad Schenk: *Die feministische Herausforderung*, S. 69.
7. Vgl. ebd., S. 73.
8. Vgl. Anzahl der Alleinerziehenden in Deutschland nach Geschlecht von 2000 bis 2015 (in 1000).
9. Vgl. Benjamin Romberg: »Hartz IV, Mutter, Kind«.
10. Vgl. Eva Meschede: »Das Mama-Kind«.
11. Vgl. Laetitia Seybold: »Die Mehrheit will in den Job zurück«.
12. Vgl. Susan Faludi: *Backlash. The Undeclared War Against American Women*. Vgl. Katharina Voß: »Postfeminismus und antifeministischer Backlash«.
13. Bärbel Wardetzki: *Weiblicher Narzißmus*, S. 23.

Wie eine Generation Beziehungen abschafft

1. Vgl. Stefan Fuchs: *Gesellschaft ohne Kinder*.
2. Vgl. »Junge Deutsche zeigen sich offen für Social Freezing«.
3. Vgl. Fanny Jiménez: »Warum Frauen viel öfter die Scheidung einreichen«.
4. Dies ist der Titel eines deutschen Songs von Philipp Dittberner & Marv, der 2015 in den Charts war. Darin heißt es unter anderem: »Lass uns die Wolke vier bitte nie mehr verlassen, weil wir auf Wolke sieben viel zu viel verpassen. Ich war da schon ein Mal, bin zu tief gefallen. Lieber Wolke vier mit dir als unten wieder ganz allein.«
5. Silke R. Plagge: »Singlefrau mit Kinderwunsch«.

Welche medizinischen Möglichkeiten haben wir?

1. Vgl. Forschung: Künstliche Befruchtung.
2. Vgl. Deutsches IVF-Register online.
3. Vgl. Anya Steiner: *Mutter – Spender – Kind*, S. 52.
4. Vgl. Petra Thorn: *Familiengründung mit Samenspende*, S. 52.

5. Vgl. Anya Steiner: *Mutter – Spender – Kind*, S. 50.
6. Vgl. Andreas Bernard: *Kinder machen*, S. 12.
7. Vgl. Martin Spiewak: *Wie weit gehen wir für ein Kind?*, S. 205.
8. Vgl. Petra Thorn: *Familiengründung mit Samenspende*, S. 56.
9. Vgl. Martin Spiewak: *Wie weit gehen wir für ein Kind?*, S. 142.
10. Vgl. ebd., S. 103.
11. Ebd., S. 144.
12. Vgl. ebd., S. 145f.

Was dürfen wir rechtlich?

1. (Muster-)Richtlinie zur Durchführung der assistierten Reproduktion, S. A1395.
2. Vgl. ebd., S. A1395ff.
3. Vgl. Petra Thorn: *Familiengründung mit Samenspende*, S. 115f.
4. Vgl. Anya Steiner: *Mutter – Spender – Kind*, S. 85.
5. Vgl. ebd., S. 86.

Was können wir ethisch-moralisch verantworten?

1. Vgl. Michael Slavkin: »Gender Role Differences in College Students from One- and Two-Parent-Families«.
2. Vgl. Clare Murray, Susan Golombok: *Solo Mothers and Their Donor Insemination Infants*.
3. Vgl. E. Blyth, M. Crawshaw, L. Frith, C. Jones: »Donor conceived people's views and experiences of their genetic origins«. Vgl. Donor Conception Network: »A different story«. Vgl. H. Kentenich, E. Brähler, I. Kowalcek, B. Strauß, P. Thorn, J. A. Weblus, T. Wischmann, Y. Stöbel-Richter: *Psychosomatisch orientierte Diagnostik und Therapie bei Fertilitätsstörungen*.
4. Vgl. Petra Thorn: *Familiengründung mit Samenspende*, S. 89.
5. Vgl. ebd., S. 94.
6. Mirja Hammer: »Weiblich, ledig, trotzdem schwanger«.
7. Vgl. Joanna Scheib: »Choosing Identity-Release Sperm Donors«.
8. *Vgl. Initiative Spenderkinder.*

9. Vgl. Andreas Bernard: *Kinder machen*, S. 429.
10. Vgl. Susan Golombok u.a.: »The European Study of Assisted Reproduction Families«, S. 2324.

Gewappnet für den Alltag

1. Vgl. Mirja Hammer: »Weiblich, ledig, trotzdem schwanger«.
2. Vgl. Christine Finke: *Allein, alleiner, alleinerziehend*, S. 186.

Von unglücklichen Müttern lernen

1. Vgl. Orna Donath: »Regretting Motherhood. A Sociopolitical Analysis«. Vgl. Orna Donath: *#regretting motherhood – Wenn Mütter bereuen*.
2. Vgl. »›Regretting Parenthood‹. Wenn Eltern ihre Kinder lieben – das Kinderkriegen aber bereuen«.
3. Vgl. Christina Mundlos: *Wenn Mutter sein nicht glücklich macht*.
4. Vgl. Cornelia Behnke, Michael Meuser: »Vereinbarkeitsmanagement«.

Vom Kinderwunsch lösen?

1. Millay Hyatt: *Ungestillte Sehnsucht*, S. 26.
2. Susanne Zehetbauer: *Ich bin eine Frau ohne Kinder*, S. 67f.
3. Vgl. Susanne Zehetbauer: *Ich bin eine Frau ohne Kinder*, S. 93.
4. Millay Hyatt: *Ungestillte Sehnsucht*, S. 205.

Fazit: Dann mache ich es halt alleine!

1. Vgl. Mirja Hammer: »Weiblich, ledig, trotzdem schwanger«.
2. Vgl. Zeit Online: »Schwesig will Alleinerziehende entlasten«.
3. Vgl. Kolja Rudzio: »Ein Kind von Apple«.

Literatur

Anzahl der Alleinerziehenden in Deutschland nach Geschlecht von 2000 bis 2015 (in 1000), http://www.de.statista.com/statistik/daten/studie/318160/umfrage/alleinerziehende-in-deutschland-nach-geschlecht/, Stand: 31.07.2016

Behnke, Cornelia und Meuser, Michael: »Vereinbarkeitsmanagement. Zuständigkeiten und Karrierechancen bei Doppelkarrierepaaren«, in: Heike Solga, Christine Wimbauer (Hrsg.): »Wenn zwei das Gleiche tun« – Ideal und Realität sozialer (Un-)Gleichheit in Dual Career Couples, Opladen 2005, S. 123–139

Bergen, Martin von: »Wie Sie ihn wieder näher bringen, wenn er sich emotional von Ihnen distanziert hat«, in: http:www.martin-von-bergen.info/ratgeber, Stand: 31.07.2016

Bergen, Martin von: »Das Geheimnis, wie sich ein Mann wieder in Sie verliebt«, in: http:www.martin-von-bergen.info/ratgeber, Stand: 31.07.2016

Bernard, Andreas: *Kinder machen. Neue Reproduktionstechnologien und die Ordnung der Familie. Samenspender, Leihmütter, Künstliche Befruchtung*, Frankfurt am Main 2005

Berndt, Christina: »Krippen schaden nicht«, in: http://www.sueddeutsche.de/wissen/mutter-und-kind-krippen-schaden-nicht-1.1025088

Blyth, E., Crawshaw, M., Frith, L., Jones, C.: »Donor conceived people's views and experiences of their genetic origins: a critical analysis of the research evidence«, in: *J. Law Med* 19 (4), 2012, S. 769–789

Carl, Christine: *Leben ohne Kinder. Wenn Frauen keine Mütter sein wollen*, Hamburg 2002

Carter, Steven und Sokol, Julia: *Nah und doch so fern. Beziehungsangst und ihre Folgen*, 12. Aufl., Frankfurt am Main 2013

Literatur

Delis, Dean C. und Phillips, Cassandra: *Ich lieb' dich nicht, wenn du mich liebst. Nähe und Distanz in Liebesbeziehungen*, 18. Aufl., Berlin 2012

Destatis Statistisches Bundesamt, http://www.destatis.de/DE/ ZahlenFakten/GesellschaftStaat/Bevoelkerung/Geburten/Tabellen/ GeburtenMutterBiologischesAlter.html, Stand: 31.07.2016

Deutsches IVF-Register Online, http://www.deutsches-ivf-register.de/perch/ resources/downloads/dirjahrbuch2011-d.pdf, Stand: 02.02.2017

Dewall, Claudio: *Die Herzen der begehrtesten Männer erobern. Durch psychologische Beeinflussung den Traummann verführen ...*, Schwabmünchen 2007

Donath, Orna: »Regretting Motherhood. A Sociopolitical Analysis«, in: *Journal of Women in Culture and Society*, 40/2, 2014, S. 343–367

Donath, Orna: *#regretting motherhood – Wenn Mütter bereuen*, München 2016

Donor Conception Network: »A different story«, 2003, in: http://www. donor-conception-network.org/filmreview.htm, Stand: 02.01.2017

Faludi, Susan: *Backlash. The Undeclared War Against American Women*, 1991

Findling, Rhonda: *Wenn Männer vor der Liebe flüchten. Wie man Beziehungsneurotiker meidet – oder mit ihnen glücklich wird*, Weilersbach 2011

Finke, Christine: *Allein, alleiner, alleinerziehend. Wie die Gesellschaft uns verrät und unsere Kinder im Stich lässt*, Köln 2016

Forschung: Künstliche Befruchtung, http://www.planet-wissen.de/natur/ forschung/kuenstliche_befruchtung/, Stand: 31.7.2016

Fuchs, Stefan: *Gesellschaft ohne Kinder. Woran die neue Familienpolitik scheitert*, Wiesbaden 2014

Gender Datenreport des Bundesministeriums für Familie, Senioren, Frauen und Jugend, http://www.bmfsfj.de/doku/Publikationen/genderreport/4-Familien-und-lebensformen-von-frauen-und-maennern/4-4-Heirat-und-uebergang-zur-elternschaft/4-4-1-alter-bei-erster-heirat-und-geburt-des-ersten-kindes.html, Stand: 31.07.2016

Golombok, Susan, u.a.: »The European Study of Assisted Reproduction Families. Family Functioning and Child Development«, in: *Human Reproduction*, Vol. 11, 1996, S. 2324–2331

Hammer, Mirja: »Weiblich, ledig, trotzdem schwanger«, in: http://www.stern. de/gesundheit/single frau-sucht-samenspender-weiblich--ledig--trotzdem-schwanger-6303076.html, Stand: 31.07.2016

Hordych, Harald: »Mama, Plastikbecher, Kind«, in: http://sueddeutsche. de/leben/2.220/ kuenstliche-befruchtung-mama-plastikbecher-kind-1.3009704, Stand: 31.7.2016

Hyatt, Millay: *Ungestillte Sehnsucht. Wenn der Kinderwunsch uns umtreibt*, Berlin 2012

Ich will ein Baby ohne Mann, ZDF 37 Grad, http://www.t-online.de/eltern/schwangerschaft/id_42246854/zdf-37-grad-begleitet-frauen-mit-kinderwunsch-und-ohne-mann.html, Stand: 31.07.2016

Illouz, Eva: *Warum Liebe weh tut*, Berlin 2011

Initiative Spenderkinder, http://www.spenderkinder.de, Stand: 2.1.2017

Institut für Demoskopie Allensbach: *Monitor Familienleben 2012*

Jiménez, Fanny: »Warum Frauen viel öfter die Scheidung einreichen«, in: http://www.welt.de/gesundheit/psychologie/article1461769 65/Warum-Frauen-viel-oefter-die-Scheidung-einreichen.html, 9.9.2015, Stand: 9.11.2016

»Junge Deutsche zeigen sich offen für Social Freezing«, in: http://www.zeit.de/wirtschaft/2014-10/social-freezing-umfrage-zeit, Stand: 2.1.2017

Kamadeva, Darius: »Wie du dafür sorgst, dass sich dein Traummann in dich verliebt und er für immer mit dir zusammen sein möchte«, in: http:www.datingskills.de/mann_verliebt-machen, Stand: 31.07.2016.

Kamadeva, Darius: »Verdreh ihm den Kopf«, in: http://www.dating skills.de/datingskills-produkte-frauen/, Stand: 31.07.2016

Kentenich, H., Brähler, E., Kowalcek, I., Strauß, B., Thorn, P., Weblus, J. A., Wischmann, T., Stöbel-Richter, Y.: *Psychosomatisch orientierte Diagnostik und Therapie bei Fertilitätsstörungen*, Gießen 2014

Lang, Louisa: *Mutterliebe. Nur ein Mythos?*, Norderstedt 2014

Mähler, Bettina; Musall, Peter: *Eltern-Burnout. Wege aus dem Familienstress*, 2. Aufl., Hamburg 2007

Maihofer, Andrea: »Was wandelt sich im aktuellen Wandel der Familie?«, in: Beerjorst, J.; Demirovic, A.; Guggemos, M. (Hrsg.): *Kritische Theorie im gesellschaftlichen Strukturwandel*, Frankfurt am Main 2004, S. 384–408

Meschede, Eva: »Das Mama-Kind«, in: http://www.cosmopolitan.de/babywunsch-bei-singles-das-mama-kind-61982.html, Stand: 31.7.2016.

Mitscherlich, Alexander und Margarete: *Die Unfähigkeit zu trauern*, München 1967

Morrissette, Mikki: *Choosing Single Motherhood. The Thinking Women's Guide*, New York 2005

Mundlos, Christina: *Wenn Mutter sein nicht glücklich macht. Das Phänomen Regretting Motherhood*, München 2015.

Mundlos, Christina: *Mütterterror. Angst, Neid und Aggressionen unter Müttern*, 2. erw. Aufl., Marburg 2013.

Mundlos, Christina: *Die traditionelle Mutterrolle als Heilsversprechen. Argumentationsanalyse am Beispiel von Eva Herman und Christa Meves*, Marburg 2010

Murray, Clare und Golombok, Susan: »Solo Mothers and Their Donor Insemination Infants: Follow-up at Age 2 Years«, in: *Human Reproduction*, 20 (6/2005), S. 1655–1660

Nast, Michael: *Generation Beziehungsunfähig*, Hamburg 2016

Plagge, Silke R.: »Singlefrau mit Kinderwunsch«, in: http://www.liliput-lounge.de/themen/singlefrau-mit-kinderwunsch/, Stand: 31.7.2016

»›Regretting Parenthood‹. Wenn Eltern ihre Kinder lieben – das Kinderkriegen aber bereuen«, in: http://yougov.de/news/2016/07/28/regretting-parenthood-wenn-eltern-ihre-kinder-lieb/, 28.7.2016, Stand: 9.11.2016

Reinhardt, Susie: »Kindheit ist nicht das ganze Leben«, in: *Psychologie Heute* (2/2014)

(Muster-)Richtlinie zur Durchführung der assistierten Reproduktion, in: *Deutsches Ärzteblatt*, Jg. 103, Heft 20, 2006, http://www.bundesaerztekammer.de/fileadmin/user_upload/downloads/AssRepro.pdf, S. A1395, Stand: 31.7.2016

Romberg, Benjamin: »Hartz IV, Mutter, Kind«, in: http://www.sueddeutsche.de/ wirtschaft/studie-zu-alleinerziehenden-hartz-iv-mutter-kind-1.1908169, Stand 31.07.2016

Rudzio, Kolja: »Ein Kind von Apple«, in: http:www.zeit.de/2014/44/ egg-social-freezing-apple-facebook-eizellen, 2014, Stand: 04.01.2017

Sander, Christian: *Wie gewinne ich das Herz eines Mannes? Wie Sie den Richtigen dazu bringen, sich in Sie zu verlieben*, Hünenberg 2011

Scheib, Joanna: »Choosing Identity-Release Sperm Donors. The Parent's Perspective 13–18 Years Later«, in: *Human Reproduction*, 1116

Schenk, Herrad: *Die feministische Herausforderung. 150 Jahre Frauenbewegung in Deutschland*, 6. Aufl., München 1992

»Schwesig will Alleinerziehende entlasten«, in: http://www.zeit.de/politik/deutschland/2016-09/unterhalt-entlastung-familienministerin-manuela-schwesig, 8.9.2016, Stand: 9.11.2016

Seybold, Laetitia: »Die Mehrheit will in den Job zurück«, in: http//www.focus.de/finanzen/karriere/berufsleben/beruf-und-familie/tid-7656/berufstaetige_muetter_aid_135719.html, 14.10.2007, Stand: 31.07.2016

Slavkin, Michael: »Gender Role Differences in College Students from One- and Two-Parent-Families«, in: *SexRoles. A Journal of Research*, 2000

Spiewak, Martin: *Wie weit gehen wir für ein Kind? Im Labyrinth der Fortpflanzungsmedizin*, Frankfurt am Main 2005

Stahl, Stefanie: *Jein! Bindungsängste erkennen und bewältigen. Hilfe für Betroffene und deren Partner*, 13. Aufl., Hamburg 2015

Stahl, Stefanie: *Vom Jein zum Ja! Bindungsangst verstehen und lösen. Hilfe für Betroffene und ihre Partner*, 3. Aufl., Hamburg 2015

Steiner, Anya: *Mutter – Spender – Kind. Wenn Singlefrauen Familien gründen*, Berlin 2015

Textor, Martin R.: »Wohin mit meinem Kind? Formen und Auswirkungen der Fremdbetreuung«, in: http://www.kindergartenpaedagogik.de/361.html, Stand: 13.9.2015

Thorn, Petra: *Familiengründung mit Samenspende. Ein Ratgeber zu psychosozialen und rechtlichen Fragen*, Stuttgart 2014

Vinken, Barbara: *Die deutsche Mutter. Der lange Schatten eines Mythos*, Frankfurt am Main 2007

Voß, Katharina: »Postfeminismus und antifeministischer Backlash«, in: http//www.sexism-sells.so36.net/Postfeminismus.html, Stand: 31.07.2016

Wardetzki, Bärbel: *Weiblicher Narzißmus. Der Hunger nach Anerkennung*, 16. Aufl., München 2004

Zehetbauer, Susanne: *Ich bin eine Frau ohne Kinder. Begleitung beim Abschied vom Kinderwunsch*, München 2014